전문가들의 사회

전문가들의 사회

이반 일리치 외 지음

신수열 옮김

사월의책

전문가들의 사회

1판 1쇄 발행 2015년 12월 1일
1판 3쇄 발행 2020년 3월 20일

지은이 이반 일리치 외
옮긴이 신수열
펴낸이 안희곤
펴낸곳 사월의책

편집 박동수
디자인 김현진

등록번호 2009년 8월 20일 제396-2009-126호
주소 경기도 고양시 일산동구 무궁화로 7-45 451호
전화 031)912-9491 | **팩스** 031)913-9491
이메일 aprilbooks@aprilbooks.net
홈페이지 www.aprilbooks.net
블로그 blog.naver.com/aprilbooks

ISBN 978-89-97186-52-5
ISBN 978-89-97186-50-1 (세트)

* 책값은 뒤표지에 있습니다.
* 이 도서의 국립중앙도서관 출판시도서목록(CIP)은 e-CIP홈페이지(http://www.nl.go.kr/ecip)와 국가자료공동목록시스템(http://www.nl.go.kr/kolisnet)에서 이용하실 수 있습니다.
(CIP제어번호: CIP2015026727)

차례

| 머리말 |

전문가들, 즉 자신의 지식을 사회 문제나 타인을 돕는 데 쓰는 숙련되고 학식 있는 전문인들은 전통적으로 큰 존경을 받아왔다. 세대를 거듭하는 동안 종교, 법률, 의료, 심지어 군사 분야의 전문가들과 이제는 교육, 복지, 건축, 산업관리 등 새로운 분야의 전문가들까지 이들은 모두 사회적 약자나 배우지 못한 사람들의 이익에 사심 없이 봉사하는 사람들로 인정받아 왔다. 스스로 자활 능력을 갖추지 못한 이들에게 삶을 더 충실하고 안락하고 건강하게 이끌 수 있도록 해주는 사람들로 여겨져 왔다. 하지만 이제는 전문가들이 과연 자신들의 서비스를 이타적인 의도로 제공하고 있는지, 그들 덕분에 우리의 생활이 실제로 향상되고 있는지, 오히려 전문가들의 활동에 예속되어 오기만 한 것은 아닌지 질문할 필요가 있다.

지난 20년 남짓 동안 전문직들은 스스로를 견고하게 조직하고 제도화함으로써 우리 사회의 꿈과 태도에 대해 궁극의 지배력을 확보해왔음이 점점 분명해지고 있다. 그와 동시에 도움을 주는 것이 존재 이유인 이 대리인들로 인해 우리는 실로 수동적인 고객이 되어버렸다. 의존적이고, 감언이설에 잘 속고, 늘 불안해하며, 경제적으로 곤궁하고, 육체적으로나 정신적으로 상처 입은 존재들이 되어버린 것이다. 그러나 전문직들의 은덕에 관한 논쟁은 애매한 좌절감 따위를 토로하는 장이 되어서는 안 된다. 우리는 전문가들의 권력을 구성하는 요소가 무엇인지, 그들을 움직이는 동기가 무엇인지 이해하기 위해 좀 더 조직적인 노력을 기울여야 한다. 그리고 우리를 무능력하게 만들고 있는 전문직의 영향력에 우리 스스로 복종하는 이유를 지금부터, 그리고 앞으로도 계속 검토해보아야 한다.

이 책은 원래 『오늘의 사상들』(*Ideas in Progress*) 시리즈로 기획된 것이다. 그러나 사회사상가에서 공장노동자에 이르기까지 각기 다른 필자들이 이 책에서 벌이고 있는 지상 좌담회는 참된 사상의 의회를 보여줄 것이다. 이 책은 여러 분야에서 확인되는 전문가 권력의 역사를 분석하고 추적하는가 하면, 현대의 전문직들이 만들어낸 특정한 불구화의 사례들에 대해 논증하며, 자기 임명적인 엘리트들의 과두제가 지닌 정치적 위험성을 적시(摘示)하기도 한다. 또한 이 책은 전문가들에 대하여 그들이 종사하는 분야에서 독점을 멈추라고 요구하고, 사람들로 하여금 더욱 분별력을 가지고 대안을 선택하도록 촉구한다.

각 장의 글들은 필자들이 자신의 생각을 펼치기 위한 기초로 쓴 것이며, 앞으로 기회가 된다면 이 문제들을 더 충분하게 다루기 위한 시안으로 작성한 것이다. 바라건대 이 책을 통해 독자들은 필자들과 대화하는 자리에 초청을 수락함으로써 논쟁에 합류하고, 각자 자신의 생각을 표현하는 기회가 되었으면 한다. 필자들의 생각에 동의하지 않는다면 더더욱 말이다.

매리언 보이어스(Marion Boyars), 발행인

1장

우리를 불구로 만드는 전문가들

이반 일리치

이반 일리치 Ivan Illich

1926년 오스트리아 빈에서 태어났다. 로마 그레고리안 대학에서 신학과 철학을 공부했고, 잘츠부르크 대학에서 역사학으로 박사학위를 받았다. 1951년 로마에서 사제 서품을 받은 후 교황청 국제부 직이 예정되어 있었으나 미국으로 건너가 뉴욕 빈민가의 아일랜드-푸에르토리코 교구에서 보좌신부로 일했다. 1956년에는 서른의 나이로 푸에르토리코 가톨릭 대학의 부총장이 되었다. 1962~1976년 사이 멕시코 쿠에르나바카에 일종의 대안 대학인 "문화교류문헌자료센터"(CIDOC)를 설립하여 연구와 사상적 교류를 이어갔다. 교회에 대한 잦은 비판으로 교황청과 마찰을 빚다가 1969년 스스로 사제직을 버렸다. 『자각의 축제』『학교 없는 사회』『에너지와 공정성』『의료의 한계』『누가 나를 쓸모없게 만드는가』 등 성장주의에 빠진 현대 문명과 자본주의 사회에 급진적 비판을 가하는 책들로 세계적인 주목을 받았다. 2002년 12월 2일 독일 브레멘에서 타계했다.

한 시대를 마감하는 한 가지 방법은 딱 맞춤한 이름을 거기에 붙이는 것이다. 나는 20세기를 **인간을 불구화하는 전문가 시대**라고 명명할 것을 제안한다. 대중들은 여러 '문제'를 가지고 있고, 전문가들은 '해결책'을 소유하고 있으며, 과학자들은 '능력'이나 '필요'와 같이 잴 수 없는 것들을 측정하려고 한 시대 말이다. 에너지를 펑펑 써대던 시대가 끝나가고 있듯이 이 시대 또한 지금 종말을 맞고 있다. 두 시대를 가능하게 만든 환상들은 상식의 눈으로도 그 실체를 뻔히 볼 수 있게 되었다. 그러나 다가올 사회에 대한 공적 선택은 아직 이루어진 것이 없다. 따라서 전문가의 전지전능이라는 환상을 사회가 계속 용인한다면 다음과 같은 결과가 빚어질지도 모른다. 즉 특정한 정치적 신념들을 강요받게 되거나(거기에는 새로운 파시즘이 수반되기 마련이다), 아니면 네오-프로메테우스적[1]이긴 하지만 본질상 단명할 수밖에

1 인간에게 불을 전한 프로메테우스처럼 문제에 대한 획기적 해결책으로 보이지만 오래지 않아 폐기되곤 하는 신기술이나 정책. ─이하의 각주는 모두 편집자 주임.

없는 어리석은 짓이 또다시 역사에 출현할지도 모른다. 그러므로 올바른 선택을 위해서는, 이 시대에 누가 누구로부터 무엇을 왜 얻는가를 결정하는 데 있어 전문가들이 어떤 역할을 하는지 구체적으로 검토하는 것이 필요하다.

현재의 상황을 분명하게 바라보기 위해 미래의 풍경을 잠시 상상해보도록 하자. 이를테면 폐허로 변한 학교 교사(校舍)와 공항 터미널, 그리고 병원 안에서 뛰어놀 미래의 아이들을 떠올려 보자. 한때는 무지, 불편, 고통, 죽음으로부터 우리를 보호하도록 지어졌지만 이제는 사원이 되어버린 이들 콘크리트 성(城) 안에서 내일의 아이들은 전문가 시대의 망상을 놀이로 재연(再演)할 것이다. 오늘날 우리가 중세의 성채와 사원들을 보면서 신앙의 시대에 죄와 튀르크 군대에 맞서 기사들이 벌인 십자군 전쟁을 되살려보듯이 말이다. 아이들은 놀이를 하면서 지금 우리의 언어를 오염시키고 있는 획일적 유행어에다가 악덕 자본가와 카우보이들이 쓰던 고어(古語)를 섞어 흉내 낼 것이다. 내 눈에는 아이들이 서로를 추장이나 영주로 부르는 대신 회장이나 비서로 호칭하는 광경이 보이는 듯하다. 오늘날에도 이미 어떤 성인들은 정책 입안, 사회 개발, 문제 해결 등의 용어로 이루어진 경영 분야의 피진잉글리시를 불쑥 사용하고는 얼굴을 붉혀 쑥스러움을 표시하곤 한다.

전문가 시대는 정치가 시들어버린 시대, 유권자들이 교수들의 충고에 따라 자신의 요구를 법제화할 힘을 전문 관료들에게 위임해버린 시대, 누구에게 무엇이 필요한지 결정할 권리를 포기한 채 이 필요를 충족시킬 수단을 거머쥔 과두독점 체제에 시달린 시대로 기억될 것이다. 이 시대는 학교체제의 시대, 즉 사람들이 생애 3분의 1 동안은 자신에게 필요한 학습을 처방받고서 이 필요를 어떻게 더 늘려갈지 훈련받으며 보내고, 나머지 3분의 2 동안은 자신들의 소비 습성까지 관리하는 일류 강매자(强賣者)들의 고객이 되어 보낸 시대로 기억될 것이다. 이 시대에 휴가 여행이란 낯선 이들을 멍하니 쳐다보다 오는 패키지 상품을 의미하고, 사람 사이의 친밀함이란 매스터스와 존슨[2] 같은 부류들이 정해준 섹스 규칙을 따르는 것을 의미하는 시대로 기억될 것이다. 또한 이 시대는 지난밤 TV 토크쇼에서 나온 말을 재탕하는 것이 곧 훌륭한 의견이요, 별 차이도 없는 것들을 권하고 팔아먹는 자들에게 찬성표를 던지는 것이 곧 좋은 선택인 시대로 기억될 것이다.

미래의 학생들은 지금의 학생들이 종교개혁 분파들 간의 차이에 대해 혼란스러워하는 만큼이나 이른바 자본주의와 사회주의의 전문가 제도들이 지닌 차이에 대해 혼란스러워할 것이다. 학생들은 20세기가 10년 단위로 경과할 때마다 가난한 나라나

---

2 1960년대와 70년대를 풍미했던 미국 성(性)의학자 윌리엄 매스터스(William H. Masters)와 버지니아 존슨(Virginia E. Johnson).

사회주의 국가의 전문 사서, 의사, 슈퍼마켓 설계자들이 부유한 국가에서 자기들과 같은 직종의 사람들이 10년 전에 했던 것과 똑같은 방식으로 기록물을 보존하고, 똑같은 도구로 치료를 하고, 똑같은 공간을 건축했음을 발견할 것이다. 미래의 고고학자들은 질그릇 조각이 아니라 UN 간행물이 보고하는 첨단 유행 속의 전문가적 패션을 근거로 우리의 평균수명을 따질 것이다.

전문가적 기획에 따라 필요의 형태가 정해지는 이 시대가 과연 미소로 기억될지 아니면 저주로 기억될지 예언하는 것은 주제넘은 일일 것이다. 나는 차라리 우리 시대가 흥청망청 술에 젖어 지내는 아버지 때문에 가산이 거덜 나서 자녀들이 원점에서 다시 시작할 의무를 지게 된 그 밤으로 기억되었으면 한다. 그러나 슬프게도 이 시대는 다음과 같이 기억될 개연성이 매우 높다. **궁핍을 가져오는 부**[3]를 전 세대가 광적으로 추구한 결과 자유마저 양도 가능한 것이 되어버린 시대, 처음에는 정치를 복지 수혜자들의 조직적인 불평의 장으로 만들었다가 결국에는 친절한

---

3 impoverishing wealth. 부가 오히려 빈곤을 낳는다는 것은 '빈곤의 근대화(modernization of poverty)'와 더불어 저자가 지적하고 있는 근(현)대 사회의 대표적인 역설이다. 전통사회에서는 대가 없이 이용할 수 있는 자연의 혜택이나 긴밀한 사회관계에 따른 상호부조 덕에 가난도 견딜 만한 것이었으나, 현대의 부는 오로지 상품과 화폐로 이루어져 있기에 그것에 접근할 수 없는 사람은 필요의 충족을 원천적으로 봉쇄당한다. 이처럼 상품과 화폐라는 교환가치가 욕구의 충족을 독점함에 따라 사람들이 자유를 복지와 맞바꾸고, 그러면서도 여전히 욕구의 좌절을 겪는 것이 현대사회의 본질이라고 저자는 본다.

전체주의를 통해 정치를 소멸시켜버린 시대로 말이다. 나는 사회 비판의 주된 방향이 또 다른 전문가주의나 더 철저한 전문가주의를 지지하는 데서 벗어나 전문가들에 대해 회의하고 계도하는 태도—특히 전문가들이 여전히 주제넘게 진단과 처방을 내리는 한 말이다—로 바뀌지 않는다면, 기술전체주의(techno-fascism)로의 추락을 피할 수 없을 것이라고 생각한다. 그러니 가령 테크놀로지를 환경 악화의 주범으로 지목한다면, 불평으로만 그치지 말고 엔지니어들로 하여금 생물학에 대해 공부하도록 요구할 수 있을 것이다. 반면, 의료 사고가 일어났을 때 그 책임을 탐욕스런 의사나 부주의한 간호사에게만 지운다면, 환자가 입원을 통해 과연 이익을 얻는가 하는 원론적 문제는 결코 제기되지 않을 것이다. 나아가 불평등한 경제의 원인을 단순히 자본가들의 이익 추구에서만 찾는다면, 산업의 표준화와 집중의 문제—불평등한 권력 구조를 낳는 원인이기도 한—는 비판되지도 변화되지도 않은 채 남을 것이다.

상품에 대한 의존이 어떤 방식으로 욕구(wants)를 정당화했고 이 욕구를 긴급하고도 애타는 필요(needs)로 바꿔놓았는지 이해할 때만이, 그리고 이와 동시에 어떻게 그것이 사람들의 자립 능력을 파괴했는지 이해할 때만이 우리는 새로운 암흑시대로의 진입을 피할 수 있을 것이다. 자위행위에 불과한 자기만족이 가장 안전하게 독립을 지키는 길인 양 강변하는 시대로의 진입을 말이다. 우리 문화에 깊이 뿌리박힌 좌절의 근원이 다름 아닌 시장 집약적 문화에 있음을 체계적으로 폭로할 때만이 오늘날의 연구 조사(R&D)나 생태적 관심이나 계급투쟁 자체가 범하고 있는 왜곡을 멈출 수 있을 것이다. 오늘날 이런 활동들은 본질적으로 사람들을 상품에 더욱 예속시키는 데 봉사하고 있을 뿐이다.

참여 정치의 시대, 다시 말해 보편적 합의에 따라 '필요'를 정의하는 시대로 귀환하는 데는 허술해 보이지만 아직 검토되지 않은 장애물이 도사리고 있는 것도 사실이다. 끝없이 탐욕을 조장하는 세계 종교를 승인하도록 부추기는 전문직 엘리트들의 역할이 바로 그 장애물이다. 따라서 우리는 다음과 같은 점들을 명확히 이해하는 것이 필요하다. (1) 자유 전문직과 구별되는 지배적 전문직의 본질, (2) 국교화된 전문직이 가져온 결과들, (3) 사람들에게 강제로 부여되는 '필요'의 특징들, (4) 우리를 전문가 관리체제의 노예로 만드는 환상들.

지배적 전문직의 본질

우리가 가장 먼저 직시해야 할 점은, 오늘날 사람들의 필요를 만들어내고 판정하고 충족하는 일을 도맡고 있는 전문가 집단이 실은 새로운 종류의 카르텔이라는 사실이다. 그들은 미로처럼 뒤얽힌 관료제보다 더 깊이 뻗어 있고, 어떤 세계 종교보다 더 국제적이며, 어떤 노동조합보다 더 결속력이 강하고, 어떤 주술사보다 폭넓은 문제해결 능력이 부여되어 있는데다가, 이른바 그들의 고객들에 대해 어떤 마피아 집단보다 더 견고한 장악력을 가지고 있다.

그럼에도 새로 조직된 이 전문가 집단은 협잡꾼 부류와는 신중하게 구별해야 한다. 예컨대 교육전문가들은 지금 무엇을 배워야 할지 사회에 지시하고 있으며, 학교 바깥에서 배운 것들을 무가치한 것으로 치부할 수 있는 지위를 차지하고 있다. 이렇듯 사람들로 하여금 다른 곳에서는 물건 구입을 못하게 하고 그렇다고 손수 술을 담그지도 못하게 하는 독점을 구축한 것을 보면, 이들은 얼핏 봐도 폭력단의 사전적 정의에 딱 맞는 듯하다. 하지만 갱들이 자기들의 이익에 근거해서 공급을 통제하고 생필품을 장악한다면, 오늘날의 의사나 사회사업가들—예전이라면 사제나 법관에 해당—은 법적 권한에 의거해서 자기들만이 '필요'를 만들고 그것을 충족시킬 수 있도록 법을 만든다. 지난날 지위가 높은 장사치들의 직업윤리를 뒷받침해주었던 자유 전문직(liberal professions)이라는 직종과 달리, 새로 등장한 지배적 전문직(dominant professions)은 한마디로 인간의 필요에 대한 통제권 자체를 요구한다. 그들은 현대 국가를 여러 기업들로 이루어진 하나의 통합된 지주회사로, 즉 그들 스스로 자가보증한 자격이 쉽게 효과를 내도록 한 통합체로 바꾸고 있다. 이 회사들의 고객-시민은 전과 다름없는 필요를 떠안고 있지만, 그 필요는 이제 제로섬 게임 안에서만 충족될 수 있을 뿐이다.

그렇다고는 해도 '일'에 대한 통제가 최근의 현상이라고 할 수는 없다. 전문가주의는 그간 노동 통제가 거쳐 왔던 수많은 형태들 가운데 하나일 뿐이다. 과거에도 이미 용병들은 약탈 허가가 떨어질 때까지 싸우기를 거부하곤 했다. 또한 리시스트라테[4]는 아내들을 조직하여 섹스를 거부하게 함으로써 평화를 이루어냈다. 코스 섬[5]의 의사들은 선서를 통해 자신들의 영업 비밀을 자식들에게만 물려주기로 모의하기도 했다. 중세의 길드들은 교육과정, 기도문, 시험, 성지순례, 신고식 등의 입회 절차를 정해놓았는데, 유명한 한스 작스[6]도 이것들을 통과하고서야 이웃주민들의 신발을 만들 수 있었다. 자본주의 국가에서는 누가 얼마의 최저임금을 받고 몇 시간을 일할 것인지를 노동조합이 통제하려고 한다. 일을 누구에게 어떻게 맡길지에 대해 자기 노동을 파는 사람들이 직접 결정하려 하지 않는 동업자 조합이란 없다.

그러나 전문가들은 여기서 한 걸음 더 나아간다. 그들은 누구

---

4 Lysistrate. 아리스토파네스의 희극 「리시스트라테」의 여주인공. 펠레폰네소스 전쟁 당시 오랜 전쟁에 염증을 느낀 아테네 여인들이 리시스트라테의 주도 하에 남자들에 대한 일체의 성관계를 거부하는 성 파업을 일으킴으로써 전쟁을 끝내도록 한다는 내용이다.
5 Kos. 소아시아 남서쪽에 있는 그리스령의 섬. 히포크라테스의 출생지로 알려져 있다.
6 Hans Sachs. 16세기에 유명했던 음유시인. 뉘른베르크 출신으로 원래는 제화공이었다. 바그너의 오페라 「뉘른베르크의 명가수」도 한스 작스를 모델로 한 작품이다.

를 위해 무엇을 만들어야 할지를 판결할 뿐 아니라, 어떻게 이런 판결을 강제할 것인지에 대해서도 결정한다. 그들은 물건을 만드는 방법에 대해서뿐만 아니라 자신들의 서비스를 왜 강제로 이용해야 하는지에 대해서도 특별하고 독점적인 권한을 주장한다. 작금에는 전문직들이 너무나 발전한 나머지 고객화된 시민에 대한 보호감독자 역할뿐 아니라, 이 병동화된 세계의 형태까지 결정하려 들고 있다.

전문가들의 권력과 다른 직업의 영향력 사이에는 또 다른 차이가 있다. 전문가들의 권한은 전혀 다른 원천에서 나온다. 길드나 노동조합 또는 갱단은 파업, 협박, 공공연한 폭력 등을 통해 자기들의 이익과 권리를 존중하도록 강요한다. 반면 전문가들은 마치 중세의 사제들처럼 더 상위의 엘리트 집단에게 이익을 챙겨주는 대가로 그들의 양해를 받아 권력을 보유한다. 성직자 계급이 영원한 구원을 약속하듯이, 전문가 집단은 일반 대중의 세속적 이익에 대해 그것의 해석자, 보호자 및 공급자로서의 적통(嫡統)을 가진다고 주장한다. 이런 종류의 전문가 권력은 엘리트라는 신분 자체가 전문가적 지위를 통해 확보되고 정당화되는 사회에서만 존재하는 것이다. 전문가 권력이란 사회에 대해 처방을 내릴 수 있는 특권을 말한다. 이런 처방 권력은 산업체제 내에서 이 체제에 대한 통제권을 부여해준다. 따라서 산업체제의 구성원들이 해야 할 일까지 좌우하는 전문가 권력은 그 범위와 기원 모두에서 특이하고도 새로운 것이다.

상인들은 보통 자기들이 재고로 가지고 있는 상품을 판다. 길드의 직인들은 품질을 장담한다. 장인들은 고객의 치수나 취향에 맞추어 제품을 제작한다. 하지만 전문가들은 우리에게 무엇이 필요한지 알려주고 처방할 권한까지 주장하는 사람들이다. 그들은 단순히 좋은 것을 권하는 데 그치지 않고 무엇이 옳은지를 실제로 선포하기까지 한다. 고소득이나 오랜 훈련기간, 세심한 주의를 요하는 직무는 전문가의 표식이 아니며, 사회적 지위 역시 표식이 아니다. 그보다는 누군가를 고객으로 정의하고, 그 사람의 필요를 결정하며, 그 사람에 대해 처방을 내릴 수 있는 권한이야말로 전문가의 표식이다. 이러한 전문가적 권한은 세 가지 역할로 구성된다. 첫째는 충고하고 지시하고 지도하는 지적 권한이다. 둘째는 그런 권한을 단지 유용해서가 아니라 의무적으로 받아들이게끔 만드는 도덕적 권한이다. 셋째는 양심은 물론 어떤 공적 이유에도 앞서는 고객의 최고 관심사에 관해 전문가의 설득을 받아들이게끔 하는 카리스마적 권한이다.

전문가가 어떻게 이런 권한을 갖게 되었는지 예를 들어보자. 동네 의원(physician)은 약 판매를 약사에게 맡기고 처방하는 일에만 집중함으로써 의사(doctor)가 되었다. 그가 속한 카르텔이 이런 권한을 그에게 몰아주고 개인이 아닌 증상만을 다루기로 하자, 이제 그는 보건과학자(health scientist)가 되었다. 이렇게 하여 그는 환자 개인의 이익을 넘어서는 사회 이익의 수호자가 된다. 자유직 시대에 환자를 돌보는 개업의에게 하나로 통합되어 있던 이런 권한들은 이제 전문가 집단에 의해 전유(專有)되기에 이르렀다. 이 독립적 실체는 심지어 스스로 사회적 임무를 개척하기까지 한다. **일반 대중**의 보건적 '필요'가 무엇인지 지정하는 권한을 확보함에 따라, 의료는 불과 사반세기 만에 자유 전문직에서 지배적 전문직으로 바뀌고 말았다. 보건 전문가들은 하나의 기업을 이루고서 어떤 의료서비스를 사회에 공급해야 할지 결정하는 권한을 획득하게 되었다. 이제는 더 이상 개별 전문가가 나서서 개별 고객에게 필요를 부여하는 일은 없게 되었고, 기업화된 기관이 전 계층의 사람들에게 필요를 부여하는 일을 맡게 되었다. 나아가 이들은 잠재적 환자 그룹에 속하는 사람들이 누구인지 가려내기 위해 전 인구를 테스트할 권한까지 요구한다.

장인, 자유 전문직, 신종 기술관료 간의 차이를 명확하게 분간하려면, 그들의 조언을 따르지 않는 사람들에 대한 반응을 살펴보면 된다. 장인의 조언을 받아들이지 않는 사람은 바보였다. 자유 전문직의 조언을 받아들이지 않는 사람은 마조히스트 취급을 받았다. 이제 관료화된 외과의나 정신과의사가 정해주는 치료법을 팽개치고 달아나려는 사람에게는 법이 육중한 팔뚝을 휘두르며 다가올지도 모른다.

예전에 수공업자 겸 상인이었거나 학식 있는 조언자였던 전문가들은 이제 십자군 성전과 징발에 나선 박애주의자로 탈바꿈했다. 그들은 유아를 어떻게 보육해야 하는지, 학생들 중 누구를 골라 고등교육을 받게 해야 하는지, 그리고 사람들에게 어떤 약을 먹여야 하는지 알고 있다. 과거의 개인교사는 가르친 내용을 학생이 스스로 익힐 때까지 인도하고 지켜보는 역할을 했지만, 지금의 학교교사는 교화의 사명을 진 십자군이라도 된 양 자신의 법적 지위를 이용해 학생이 배우기 원하는 것을 가로막고서 학생 앞에 자신을 내세우는 교육전문가로 탈바꿈했다. 심지어 시카고의 떠돌이개 포획원조차 개 다루기의 권위자로 탈바꿈한 상황이다.

전문가들은 인간 본성에 대해서도 남모르는 지식, 오직 그들만이 공급할 권리가 있는 지식을 가지고 있다고 주장한다. 그들은 일탈에 대한 정의와 그 치료법에 대해서도 독점권을 주장한다. 이를테면 변호사들은 자신들만이 이혼 사건을 다룰 능력이 있고 그것을 도울 **법적** 권리를 갖고 있다고 여긴다. 묏자리 파는 사람들은 스스로를 장의사로 부름으로써, 또는 대학 자격증을 취득함으로써, 나아가 그들 중 한 사람을 라이온스클럽 회장으로 선출하여 자신들의 직업적 평판을 높임으로써 전문가 체제의 구성원이 된다. 장의사들은 시신 처리나 입관을 자기들에게 맡기지 않을 경우 경찰을 통해 장례를 제지하는 압력을 행사함으로써 하나의 **전문직**을 형성한다. 인간의 '필요'가 있을 만한 분야라면 어디서든 이들 신종 전문직은 지배적이고 권위적이며 독점적이고 합법적인—그러나 이와 동시에 개인을 나약하게 하고 결국 불구로 만드는—자격을 주장함으로써 공익을 수호하는 특권적 전문가 행세를 하고 있다.

국교화된 전문직이 가져온 결과들

자유 전문직이 지배적 전문직으로 탈바꿈한 과정은 법률에 의거해 국교회가 수립된 과정과 유사하다. 생명 전문가로 변신한 의사, 지식 전문가로 변신한 교사, 죽음 전문가로 변신한 장의사들은 동업자조합이라기보다는 국가의 지원을 받는 성직자 집단에 훨씬 더 가깝다. 전문가가 교사로서 현재 인정되고 있는 과학적 정설을 가르치는 경우, 그는 신학자 역할을 하는 셈이다. 전문가가 도덕적 기업가이자 자신이 제공하는 서비스에 대한 필요의 창조자로 나서는 경우, 그는 사제의 역할을 맡고 있는 셈이다. 사회적 성전(聖戰)의 조력자로 나설 때는, 선교사의 역할을 맡아 취약 계층의 사람들을 찾아다니고 있는 것이다. 그들은 마치 종교재판관처럼 이단자들을 색출해 추방하는 역할을 맡기도 한다. 자신에게 문제가 있다는 것을 인정치 않는 고집불통들에게 자기들의 해결책을 강요하는 것이다. 그들은 이런 다면적 서임식(敍任式)을 통해 인간의 저택에 남아 있을 수밖에 없는 갖가지 불편을

없애는 과제를 맡음으로써 국교화된 광신교단 비슷한 집단이 되었다.

전문직의 군림을 공적으로 용인한다는 것은 본질적으로 정치적인 사건이다. 전문직이 새롭게 정당성을 획득할 때마다 입법, 사법, 행정 권력이 담당해온 정치적 과제들은 본래의 특성과 독립성을 얼마간 잃게 된다. 공적 사안 역시 투표로 선출된 일반인 대표의 손을 떠나 스스로 신임장을 발부한 엘리트의 수중으로 넘어간다. 최근에는 의료가 자유직의 굴레를 넘어설 만큼 성장하자, 의료집단이 스스로 공적 규범을 제정하겠다며 입법권을 침해하고 있다. 지금까지 의사란 병이 무엇 때문에 생겼는지 결정하는 사람이었다. 그러나 오늘날의 지배적 의료는 사회가 용인해서는 안 되는 질병이 무엇인지를 결정한다. 의료가 법정의 권리를 침해한 것이다. 지금까지 의사란 아픈 사람을 진단하는 사람이었다. 하지만 이제 지배적 의료는 치료를 받아야 할 사람을 먼저 가려내 낙인을 찍는다. 자유 개업의들은 그때그때마다 치료법을 처방했다. 반면 지배적 의료는 교정(矯正)의 공권력을 가지고 병자에게 무엇을 해야 하고 무엇을 줘야 하는지에 대한 결정을 내린다.

민주주의에서 법을 만들고 집행함으로써 공의(公義)를 실현하는 권력은 시민들 자신에게서 나와야 한다. 그러나 전문가들은 중요 권력에 대한 시민의 통제권을 인수하여 그것을 제한하고 약화시키는가 하면, 때로는 폐지하기까지 한다. 이런 일이 가능한 것은 교회를 닮은 전문직들의 부상 때문이다. 의회 정치 역시 전문가들이 제시하는 의견에 근거해 결정을 내리는 한, 국민을 '위한' 정치일지는 모르나 국민에 '의한' 정치는 결코 아닐 것이다. 그러나 이렇듯 정치적 원칙이 힘을 잃게 된 데 어떤 의도가 작용한 것인지 지금 다 밝히기란 어렵다. 여기서는 이러한 전복이 사실임을 지적하고 그 결과를 적시(摘示)하는 것으로 충분할 것이다.

시민의 자유는 **전문(傳聞) 증거 배제의 원칙**[7]에 바탕을 두고 공적 결정들을 내릴 때만 지켜질 수 있다. 사람들이 직접 보고 해석한 것만이 법 제정의 공적 기반이 되어야 한다는 얘기다. 증인의 생각과 어긋난다면 어떤 의견이나 신념, 추론, 설득도 채택되어서는 안 된다. 그러나 전문가 엘리트들은 이 규칙을 뒤집는 것 하나만으로도 지배적 전문직이 되었다. 입법부와 법원이 자격을 자가 보증한 엘리트 구성원들의 손을 들어줌에 따라 전문 증거 배제의 원칙은 유예되고 말았다.

---

7 the rule against hearsay evidence. 법정에서 증인이 직접 보거나 판단한 내용이 아니라 남에게서 들은[傳聞] 내용을 증언할 경우, 이런 전문증거(hearsay evidence)는 소문 따위와 같이 확인되지 않은 것이므로 증거로 채택해서는 안 된다는 원칙. 개인의 양심과 판단에 반하는 모든 의사표현을 무효로 보는 원칙이기도 하다. 저자는 이러한 '당사자주의'와 '직접성'이야말로 인간의 자율성을 이루는 기초이고, 인간 본연의 사회적 삶을 지키는 핵심적 요소라고 본다.

그러나 전문가들이 가진 사실적 지식을 공적으로 활용하는 것과, 전문가 집단이 규범적 판단을 내리는 것을 혼동하지는 말도록 하자. 이를테면 총포 제작 장인이 전문가 자격으로 법정에 불려와 배심원단에게 직업상의 비밀을 밝히는 경우를 생각해보자. 이 자리는 장인이 배심원단을 자기 도제로 삼는 자리라고 할 수 있다. 그는 자신의 한정된 지식을 배심원들 앞에 충분히 이해될 수 있게 실증해 보임으로써 그들로 하여금 탄환이 어느 총열에서 나왔는지 스스로 결정할 수 있게 해주었다. 그러나 오늘날 대다수의 전문가들은 이와 다른 역할을 한다. 지배적 전문직은 명명백백한 사실 증거와 구체적 기술을 배심원단이나 입법부에 제시하기보다는, 자신과 동료 회원의 포괄적 견해를 제시한다. 그는 신적 권위와 같은 아우라로 무장하고서 전문 증거 배제 원칙의 유예를 요구함으로써 끝내는 법 제정의 원칙을 침해한다. 이렇게 하여 우리는, 전문가주의가 모든 것을 해결하리라는 가정을 의심 없이 받아들일 경우 어떻게 민주적 권력이 파괴되는지 보게 된다.

강제로 부여되는 '필요'의 특징들

전문가들이 우리에게 '필요'라며 부여하는 것을 우리가 결핍으로 느끼지 않았다면, 전문직들은 결코 지배적이 될 수도, 사람들을 불구로 만들 수도 없었을 것이다. 내가 말을 배울 때만 해도 문제(problems)란 수학이나 체스에만 있는 것이었고, **해결책**(solutions)이란 토양이나 물의 염화(鹽化)라든지 법적 문제에서나 쓰는 용어였다. 또한 **필요**(need)는 거의 동사로만 사용되었다. "나한테 문제가 하나 있어"라거나 "나는 필요를 가지고 있어"와 같은 표현은 바보같이 들렸다. 그러다가 내가 십대로 성장하고 히틀러가 '해결책'[8]을 찾느라 골몰할 즈음, '사회 문제' 또한 확대되었다. 미묘하게 그 말뜻이 달라져온 '문제아'들이 빈곤층에서 발견된 것도 그때였다. 사회사업가들이 먹잇감에 이름을 붙이고 자신들의 '필요'를 표준화하는 방법을 배운 덕분이었다. 명사로 쓰는 '필요'는 전문가들의 살을 찌우고 지배적 위치로 올라가게 해주는 사료 역할을 했다. 이와 함께 빈곤 역시 현대화되었다. 이제 빈곤층은 뭔가가 '필요한 사람'이 되었다.

그러다가 내 인생의 후반부 즈음이 되자 필요가 있다는 것은 존중할 만한 일로 변하게 되었다. 계산할 수 있고 (누군가에게) 부여할 수 있는 필요[9]는 사회적으로 높은 대접을 받게 되었다. 필요를 갖는다는 것은 더 이상 빈곤을 뜻하지 않게 되었다. 소득증가 덕분에 새로운 필요의 등록명부가 생겨났다. 스포크[10]와 컴퍼트[11], 그리고 네이더[12]의 추종자들이 등장해 일반인들로 하여

---

8 나치는 유대인에 대해 처음에는 추방과 분리 정책을 쓰다가 결국 말살 정책을 수립하고는 '최종 해결책'(final solutions)이라는 용어로 불렀다.

금 전문가의 레시피에 따라 요리되어 있는 문제 해결책들을 쇼핑하도록 훈련시켰다. 학교교육은 졸업생들에게 필요에 대한 자격증, 즉 갈수록 까마득히 높아져 가는 고공까지 기어 올라가 갈수록 새롭게 변모하는 이종교배의 필요들을 심고 재배할 자격증을 부여했다. 전문가들이 처방한 패키지 상품에 의거해 복지가 정의됨에 따라 개인의 능력은 위축되고 말았다. 의료 분야를 예로 들면, 전에는 그저 '아픔'(ill)에 불과했던 것들이 의사가 치료해야 할 '질병'(illness)이 되면서 사람들은 가벼운 병이나 심지어 불편한 정도의 증상에 대해서까지도 대처할 의지와 능력을 잃게 되었다. 복지는 이제 처방약과 같은 것이 되어버렸다. 미국의 슈퍼마켓에는 해마다 약 1,500종의 신상품이 등장하는데, 이 가운

---

9 imputable needs. 저자는 '필요'를 두 종류로 나눈다. 하나는 "사람들이 그날그날의 욕구를 충족하기 위해 활동하다 보면 저절로 그 형태가 갖춰지는 필요"(이반 일리치, 『그림자 노동』 참고)이고, 다른 하나는 자연발생적 욕구와 무관하게 인간에게 필요할 것이라며 미리 만들어낸 필요다. 그러나 후자처럼 개인의 고유한 욕구에서 떨어져 나와 누군가에게 '부여할 수 있는' 필요란 원래 존재하지 않는 것으로, 욕구의 충족을 오로지 상품 소비에 의해서만 가능하도록 만들기 위해 지어낸 산업사회의 신화에 지나지 않는다는 것이다.

10 Benjamin Spock. 미국의 소아과 의사이자 시민운동가. 『유아와 육아의 상식』이라는 책으로 전후 베이비붐 세대의 부모들에게 큰 영향을 미쳤다.

11 Alexander Comfort. 영국의 의사이자 작가. 노화 현상이나 성적 행동에 관심을 갖고 1972년 『성의 기쁨』이라는 성 지침서를 펴내 1천만 부 이상을 판매하는 등 선풍을 일으켰다.

12 Ralph Nader. 미국의 소비자 운동가. 1960년대부터 소비자 운동과 환경 운동의 기수로 미국의 정치, 산업에 큰 영향을 미쳤다. 심지어 '네이더 특공대'라는 추종그룹까지 생겨나 분유, 살충제, 수은중독, 전자파, 금융 등 소비산업의 문제를 전 방위적으로 색출하고 다녔다.

데 80퍼센트 이상은 1년 안에 쓸모가 없어져 매장에서 사라지는 물건들이다. 즉 소비자들은 자신을 위한 선택에서도 갈수록 소비자 보호 전문가의 지도를 따를 수밖에 없게 되었다.

나아가 짧아진 상품 수명주기는 욕구를 얄팍하고 변덕스러운 것으로 만들기까지 한다. 즉 조작된 필요가 만들어낸 총 소비고가 늘어날수록 역설적으로 소비자는 원래 가질 수도 있었던 **자기 고유의** 욕구들에 대해서는 점점 무관심해진다. 가면 갈수록 필요는 광고 문구를 통해 만들어지고 구매는 처방에 따라 이루어진다. 개인이 그동안 쌓은 충족의 경험과는 무관하게 그의 행위가 이루어지는 것이다. 이런 상황에 상시 적응한 소비자는 스스로 필요하다고 느끼는 것 대신 학습된 것을 필요로 삼는다. 사람들이 필요를 찾는 학습기술의 전문가가 되면서 경험을 통해 욕구를 확인하는 학습능력은 희귀한 것이 되어버렸다. 필요가 각 분야를 담당하는 전문가들에 의해 점점 더 작은 구성 부분으로 쪼개져 관리됨에 따라 소비자는 선생들이 제각기 내놓은 별도의 매물(賣物)들을 하나의 전체로, 즉 온 마음으로 원하고 기꺼이 소유할 수 있는 의미 깊은 전체로 통합하는 데 더욱 어려움을 겪게 되었다. 소득 관리자, 라이프스타일 상담사, 식도락 전문가, 감성 계발자 및 기타 비슷한 부류들은 새로운 관리의 영역을 누구보다 뚜렷이 감지해내고는, 필요가 조각나고 자신감이 꺾인 소비자들에게 맞는 상품을 찾아주기 위해 분주히 움직인다.

필요란 '명사'로 쓰일 경우 전문가가 이미 그려놓은 패턴을 개인에 맞춰 찍어낸 것에 불과하다. 이런 필요는 전문가들이 자기들의 주요 상품을 주조하기 위해 만든 플라스틱 폼으로 된 거푸집 모형일 뿐이다. 그것은 광고물 모양을 띤 벌통이라 할 수 있는데, 소비자들은 거기서 일벌처럼 양육된다. 자신의 필요가 무엇인지 모르거나 그것을 납득하지 못하는 사람은 용서할 수 없는 반사회적 행위자가 된다. 선량한 시민이란 자신에게 맞춰서 부여된 필요를 믿어 의심치 않는 사람, 즉 그 어떤 대체물에 대해서도 필요를 포기함은 물론 욕망마저 지워버린 사람이다.

내가 태어난 때는 스탈린, 히틀러, 루스벨트가 모두 권력을 잡기 전으로, 당시에는 오로지 부자들, 건강염려증 환자, 엘리트 집단의 구성원들만이 몸에 열이 날 때 의사를 부를 필요성을 입에 올리곤 했다. 이런 필요는 늘 의심을 샀고 또 의심할 만했다. 의사들이라고 해봐야 할머니가 해주는 것 이상의 일을 할 수 없었기 때문이다. 필요가 최초로 변모한 것은 설파제와 항생제가 등장하면서부터다. 간단하고 효과적인 절차만으로 감염의 치료가 가능해지자 약을 처방하는 일이 점점 많아지게 되었고, 환자 역을 배정하는 일 역시 의료의 독점적 권한이 되었다. **아픔**(ill)을 느끼는 사람은 병원에 가서 **질병**(disease)의 이름이 적힌 명찰을 받아야만 이른바 **환자**(the sick)라는 소수집단의 구성원으로 공식 선고를 받을 수 있게 되었다. 그렇게 함으로써 노동을 면제받았고, 도움 받을 자격을 얻었으며, 의사의 지시에 따라 다시 쓸모 있는 사람이 되도록 치료를 받을 수 있었다.

의료상의 필요에 일어난 두 번째 변화는 환자들이 더 이상 소수집단에 머무르지 않게 되면서 찾아왔다. 1960년대 말이 되자 대부분의 서구 국가에서 시민 두 명 중 하나는 동시에 세 곳 이상의 치료기관에 다니는 일이 상례가 되었다. 환자들의 치아, 자궁, 혈압, 심리상태, 작업습관을 관찰하고 진단하고 교정하는 일이 일상이 되었다. 개인이 복수의 치료 관계를 유지하는 것은 개탄스럽기보다 바람직한 건강의 표시가 되었다. 이제 여러 전문가들의 현역 고객이 된다는 것은 서비스 소비자의 왕국이 되어버린 우리 사회 안에서 명확한 위치를 차지한다는 것을 가리킨다. 전문직의 지배 하에서는 경제 구조마저 다수의 비정상인과 그들의 보호자를 위해 조직된다.

이 결정적 순간이 되면서 필요는 세 번째 변신을 하게 되었다. 각각의 필요들은 전문가들이 '다분야상의 문제'라고 부르는 것, 따라서 복수 전문가의 해결책을 요하는 문제로 병합되기에 이르렀다. 처음에는, 현대인으로 살아가는 데 필수품처럼 여겨지는 상품들이 급속히 증가하여 소비자들은 명령이 없으면 무엇이 필요한지도 모르는 상황에 놓이게 되었다. 다음으로는, 필요가 서로 관련이 없는 더 작은 부분들로 점점 파편화됨에 따라, 소비자들은 이 필요들을 의미 있는 전체로 묶기 위해서는 전문가의 판단에 의존하지 않을 수 없게 되었다. 자동차 산업은 직접적이지는 않지만 이에 관한 유용한 사례를 보여준다. 1960년대 말 포드 자동차는 기본 모델을 더 매력적으로 만드는 옵션 장치들을 광고를 통해 대대적으로 선보였다. 하지만 소비자의 기대와는 반대로 이들 옵션은 무늬만 '옵션'일 뿐 실제로는 디트로이트 공장의 조립 라인에서 미리 장착되어 나오는 것들이었고, 아무것도 모르는 구매자들은 무작위로 전시된 몇 가지 패키지 견본 가운데 하나를 고를 수밖에 없었다. 원하는 컨버터블 모델을 사려면 녹색 시트가 싫어도 참아야 했으며, 표범가죽 시트로 여자친구의 비위를 맞추려면 페이즐리 무늬의 하드톱을 억지로 살 수밖에 없었다.

마지막으로, 고객은 그의 후견인이 '충족'이라고 가르쳐준 것을 얻으려면 팀을 이룬 전문가에게 의존할 수밖에 없도록 훈련되었다. 소비자의 개선을 도모한다는 개인 서비스들이 바로 그런 사례다. 치료가 풍요를 이룬 나머지, 서비스 전문가들로부터 더 많은 서비스가 필요하다고 진단받은 사람이 이 서비스들을 모두 소비하려면 남은 생애 전부로도 부족할 지경이 되었다. 고도로 집약된 서비스 경제로 인해 교육, 의료, 사회적 치료법을 소비하는 데 필요한 시간은 갈수록 부족해지고 있다. 이제 시간 부족은 처방된 서비스—종종 공적 자금이 투여되기도 하는—를 소비하는 데 가장 큰 걸림돌이 될지도 모르겠다. 이런 징후는 유년기의 아이들에게서 뚜렷이 볼 수 있다. 유치원 시절에 이미 아이는 소아과 전문의, 알레르기 전문의, 언어병리학자, 아동심리학자, 사회복지사, 체육코치, 그리고 교사로 구성된 전문가 팀의 관리를 받는다. 각기 다른 분야의 전문가들은 이렇게 하나의 소아 전문팀을 구성함으로써 더 많은 필요를 부여하는 데 주된 걸림돌이 되는 시간을 공유하려 한다. 성인의 경우 패키지화된 서비스가 겨냥하는 곳은 학교보다 직장이다. 인사 관리, 노동 교육, 직무 연수, 보험 설계, 의식 함양 담당자들은 노동자의 한정된 시간을 두고 다투기보다는 그것을 공유하는 것이 더 이익임을 깨닫고 있다. 필요가 없다는 시민은 매우 수상쩍은 사람일 것이다. 사람들은 돈을 벌기 위해서가 아니라 직장에서 얻을 수 있는 서비스 때문에 직업이 필요하다고 말하기까지 한다. 이렇게 하여 공유지[13]는 사라져버리고, 그 자리는 전문가들의 서비스를 분만하는 깔때기 모양의 태반이 차지하게 되었다. 이렇듯 영구화된 집중 치료 속에서 인간의 삶은 마비되고 있다.

---

13 the commons. '공유지' 또는 '공유재'는 저자의 주요 개념 중 하나이다. 환경의 효용가치를 무상으로 넉넉하게 제공하던 공유자원이 15세기 이후 현재까지 이어진 인클로저(enclosure)를 통해 일부 집단에 전유됨에 따라, 그것을 기반으로 했던 자급자족적이고 독립적인 생계활동(subsistence)은 불가능해지고 인간의 삶을 상품이 독점하는(monopolize) 현재의 상황이 벌어졌다는 것이다. 저자는 희소성(scarcity)과 필요(needs)를 인간의 타고난 조건으로 보는 근대 경제학의 가정 역시 이런 상황을 합리화하기 위한 허구에 불과하다고 본다.

우리를 전문가 체제의 노예로 만드는 환상들

전문가 지배에 의한 시민의 불구화는 환상의 힘을 통해 완성된다. 종교는 궁극적으로 국가나 신앙의 쇠퇴가 아니라 전문가 체제와 그것에 대한 고객의 신뢰에 자리를 내준다. 전문가들은 공적 사안을 '문제'로 정의하기 위해 특별한 지식을 내세우곤 한다. 이런 주장을 받아들이면 전문가들이 보통사람들에게 부여하는 결핍 역시 사회적 정당성을 얻는다. 이렇게 하여 우리 세계는 필요들의 반향실(反響室)로 변한다. 이런 지배의 특성은 도시의 스카이라인에도 반영되어 있다. 전문가들이 구축해놓은 높은 빌딩들은 수많은 사람들이 현대의 대성당인 병원, 학교, 보험회사, 복지기관 사이를 끊임없이 순례하는 모습을 굽어보고 있다. 집들은 하나같이 위생적인 아파트로 변해서 더 이상 집 안에서는 사람들이 품위 있게 태어날 수도, 아플 수도, 죽을 수도 없게 되었다. 도움을 주고받던 이웃도 이제는 멸종된 종이 되었고, 왕진을 다니던 자유직 의사도 마찬가지로 사라졌다. 도제식 작업에 어울리던 일터는 이제 '신원'이 확실한 직원들만이 출입할 수 있는 어두컴컴한 미로형 복도들로 변하고 말았다. 그럼에도 전문가들이 만든 이런 환경은 치료에 중독된 사람들에게 마지막 피난처 역할을 하고 있다.

부자들 편에는 '부여할 수 있는 필요'에 대한 중독이 만연해 있고 가난한 이들은 필요가 만들어낸 환상에 마비되고 있는 상황에서, 사람들이 이러한 필요의 미적분학에 실제로 적응하게 되면 상황은 실로 돌이킬 수 없게 될 것이다. 하지만 그렇게 되지는 않을 것이다. 일정 수준을 넘어서면 의료는 오히려 무력함과 질병을 낳고, 교육 역시 사람들을 불구화하는 노동 분업의 주요 근원지가 되기 때문이다. 고속화된 운송체계는 도시 사람들을 깨어 있는 시간의 17퍼센트 동안은 승객으로 살게 하며, 또 그만큼의 시간 동안은 포드사와 엑슨 오일, 고속도로 관리공단에 돈을 갖다 바치는 도로 보수반의 일원으로 살게 한다. 사회적 서비스는 무력함을 만들어내고 사법기관은 불의를 만든다.

이처럼 우리의 주요 제도들은 애초에 그 제도들을 설계하고 투자했던 목적을 뒤엎는 불가사의한 힘을 획득했다. 명망 높은 전문가 집단들의 지배 하에서 우리의 제도적 도구들은 **역생산성**[14]이라는 역설을 주요 결과물로 내놓고 있다. 역생산성은 시민을 체계적으로 불구화하는 것이기도 하다. 자동차 바퀴들을 중심으로 건설된 도시에서 발은 쓸모가 없기 때문이다.

이처럼 사회가 사람들을 불구화하는 서비스 공급체계로 떠밀

---

14 counterproductivity. 저자의 가장 중요한 개념 중 하나다. 자본 투입이 임계점을 지나면 오히려 생산성을 저해하는 현상이나, 필요를 충족하기 위해서 만든 것이 오히려 결핍을 심화시키는 현상을 가리킨다. 이를테면, 빠른 운송을 위해 뚫은 도로가 교통을 독점함에 따라 샛길이 사라지고, 결국 새 도로는 정체가 심화되어 더 많은 세금과 비용을 잡아먹는 것은 역생산성의 전형적 사례다.

려가고 있음에도 왜 여기에 맞서는 어떤 저항도 일어나지 않는 것일까? 그에 대한 가장 적절한 설명은 이 체계가 환상을 창출하는 힘을 가지고 있다는 데서 찾아야 할 것이다. 전문가 체제는 인간의 몸과 마음에 기술적 영향을 미치는 것 외에도 이 체제가 행하는 일에 대해 믿음을 갖도록 하는 강력한 의례로 기능하기도 한다. 학교는 꼬마 존에게 읽는 법을 가르칠 뿐 아니라, 교사에게서 읽기를 배우는 것이 더 좋다고 가르친다. 자동차는 이동능력, 위신, 성적(性的) 특권 및 권력의 감각을 패키지로 묶어 제공할 뿐 아니라, 보행을 시대에 뒤떨어진 것으로 보게 한다. 변호사들은 법적 해결책을 찾는 데 도움을 주는 것을 넘어 사적인 문제들까지 해결해주고 있는 느낌을 갖게 한다. 신문은 뉴스를 활자화하는 데 그치지 않고 자기들이 쓴 이야기를 통해 의사들이 정말로 암을 치료하고 있는 양 가르친다. 이처럼 우리의 주요 제도들이 가진 기능 가운데 환상을 배양하고 유지하는 기능은 갈수록 더 큰 부분을 차지하고 있다. 시민을 전문가가 구제해야 할 고객으로 바꾸는 환상으로는 다음의 다섯 가지를 들 수 있다.

사용가치에 대한 평가절하

우리를 노예로 만드는 첫 번째 환상은, 인간이란 어차피 소비자로 태어난 존재이므로 어떤 목표를 세우든 상품과 서비스를 구매해야만 원하는 것을 이룰 수 있다는 생각이다. 이 환상은 충

경제에서 사용가치가 차지하는 비중이 얼마나 큰지에 대해 눈감고 있는 교육에 그 원인이 있다. 국가 지표로 쓰이는 경제 모델들 가운데 그 어떤 것도 자연의 항구적 기여에 대해 그러하듯이 시장에서 상품화될 수 없는 사용가치를 변수로 고려하지 않는다. 하지만 만일 사용가치 생산이 위축되어, 예컨대 임금을 받고 가사를 돌본다든지 비용을 치러야만 부부간의 섹스가 가능할 정도가 된다면, 그 어떤 경제도 즉시 붕괴하고 말 것이다. 사람들이 행하거나 만들고는 있지만 팔려고 하지도 않고 팔 수도 없는 것들이야말로 우리가 호흡하는 산소처럼 계량 불가능하고 경제에 가장 귀중한 것이다.

경제 모델이 사용가치를 무시할 수 있다는 환상은 모든 가치를 상품으로 대체할 수 있다는 가정으로부터 생겨난다. 그것은 또한 자동사로만 지칭할 수 있는 인간 활동을 제도적으로 정의한 명사적 상품으로 무한정 대체할 수 있다는 가정이기도 하다. 이런 가정에 따라 교육은 '나는 배운다'를 대체하고, 의료는 '나는 낫는다'를 대체하며, 교통은 '나는 이동한다'를, TV는 '나는 논다'를 대체한다.

개인의 사적 가치와 상품 가치의 혼동은 거의 모든 사회 영역에서 볼 수 있는 현상이다. 전문가의 지도 아래 사용가치는 해체되고 쓸모없는 것이 되어, 마침내 그 고유한 본성마저 박탈당한 처지가 되었다. 10년은 겪어야 알 수 있는 농장 운영도 교과과정이라는 믹서에 들어감에 따라 고등학교 졸업장과 다를 바 없는 것이 되었다. 길거리의 자유분방한 분위기에서 마음대로 골라 지식으로 부화시키던 것들도 이제는 '교육적 체험'이란 이름을 달고서 학생들의 머릿속에 주입한 지식들에 추가되기에 이르렀다. 지식 회계사들은 교육과정과 체험이란 물과 기름처럼 서로 섞일 수 없는 것으로, 오로지 교육학적 연구에서나 억지로 끼워 맞출 수 있는 것임을 모르는 듯하다. 하지만 우리가 지금 빠져 있는 탐욕스런 믿음들에 더 이상 마비된 채로 있지 않는다면, 십자군을 자처하는 필요 사냥꾼 무리들 역시 더 이상 우리를 쥐어짤 수도, 자기들의 실험과 네트워크와 그 밖의 만병통치약에 우리의 자원을 낭비할 수도 없을 것이다.

주요 상품들 즉 패키지로 묶인 상품들의 효용에는 본질적으로 한계가 있기 마련이다. 각기 구별되는 두 가지 제약조건이 거기 작용하기 때문이다. 첫째로는, 어떤 시스템이든 필요를 만들어내는 속도가 그에 상응하는 상품의 생산보다 빠르면, 대기 행렬이 조만간 그 시스템의 작동을 정지시킨다는 것이다. 둘째로는, 상품에 대한 의존이 조만간 필요를 규정할 정도로 심화되면, 그 상품과 비슷한 기능의 것을 스스로 조달하던 자율적 생산은 마비를 면치 못한다는 것이다. **정체**(congestion)와 **마비**(paralysis)는 전혀 다른 종류의 결과들임에도, 어떤 분야에서건 생산이 급증할 때 일어나는 결과들이다. 정체는 상품이 얼마나 제 역할을 하고 있는지를 재는 척도로서, 왜 맨해튼에서 자가용을 이용한 대중교통이 쓸모없게 되었는지를 잘 설명해준다. 하지만 이것만으로는 사람들이 유용하게 타지도 못할 자가용을 구입하고 보험에 들려고 왜 그토록 열심히 일하는지 설명하기 어렵다. 더 나아가 사람들이 왜 그토록 마비가 될 만큼 자동차에 의존함으로써 결국 자기 발로는 이동할 수조차 없게 되는지 설명하기도 어렵다.

사람들이 시간을 낭비하는 속력, 학생을 바보로 만드는 교육, 병을 만들어내는 의료의 포로가 되는 것은 다음과 같은 이유 때문이다. 즉 기업과 전문가들이 제공하는 엉터리 상품들에 사람들이 일정한 정도를 넘어 지나치게 의존하다 보면, 이런 의존으로 인해 인간 잠재력이 파괴되고, 그것도 특정한 방식으로 파괴되기 때문이다. 상품은 일정한 한계 안에서만 인간이 만들거나 행하는 일을 대신할 수 있다. 오직 이 범위 안에서만 교환가치는 사용가치를 만족스럽게 대신할 수 있는 것이다. 이 한계를 넘어서 이뤄지는 생산은 소비자에게 필요를 부여하는 전문가들의 이익에만 복무할 뿐이며, 소비자는 비록 풍요를 누릴지는 몰라도 취해 얼빠진 상태에 놓인다. 필요가 단순히 배만 채우는 수준을 넘어 진정으로 충족되려면, 개인의 자율적 활동이 가져다주는 기쁨을 기준으로 그 필요의 대부분이 결정되어야 한다. 상품 생산에는 한계선이 있어서 그것을 넘어설 만큼 증식하면 소비자를 불구로 만들어 더 이상 자기 확신을 가지고 행동하지 못하게 한다.

인간은 도구를 만들고 사용한다는 점에서 유인원과 구별된다. 인류는 혈통이나 종족이 아니라 문화에 따라 나뉘며, 각 문화는 그 문화가 가진 도구 일습에 따라 구별된다. 전통적으로 이런 도구들은 노동집약적인 성격을 가지고 있다. 즉 사람들이 무시로 깨닫곤 하는 필요의 대부분은 그 필요를 충족시켜 줄 수 있는 도구를 알고 있느냐에 따라 결정된다는 얘기다. 문화가 제공하는 도구를 가지고 크든 적든 자신의 필요를 형성할 줄 모르는 사람이라면, 그는 더 이상 동류의 인간으로 대접받을 자격을 잃은 사람이다. 익명의 타인이 자기 도구를 운용해서 생산한 표준화되고 파편화된 물품에 거의 전적으로 의존해서 사는 사람이 있다면, 그는 아무리 화려한 삶을 살고 있더라도 더 이상 인간으로 살고 있는 것이 아니며, 기껏해야 간신히 생존하는 사람에 지나지 않는다. 이런 사람은 결국 살아가는 것과 살아남는 것을 구별하는 능력조차 잃게 된다.

삶의 값진 경험, 자유로운 이동, 주거 계획, 안전감, 그리고 공동체적 사안에 대한 참여는 두 가지 별개의 원천에서 나온다. 하나는 개인의 활력이고, 다른 하나는 제조된 공급물자들이다. 그러나 패키지 상품들만 있다면 소비자는 그런 물자들의 공급이 자신을 마비시킬 때 불가피하게 좌절에 빠질 수밖에 없다. 따라서 한 사회에서 행복의 척도는 위의 두 생산양식을 단순히 더하는 방정식으로는 만들어질 수 없다. 사용가치와 상품이 딱 맞물려서 상승효과를 낼 때 이루어지는 균형만이 행복의 척도가 될 수 있는 것이다. 타율적인 상품 생산이 그에 상응하는 개인적 용도의 자율적 생산을 향상시키고 보완하는 것은 일정 한도에서만 가능하다. 그 한도를 넘어서면 두 가지 생산양식의 결합은 역설적으로 사용가치와 상품이 애초에 의도했던 목표를 배반하는 결과를 초래한다.

역생산성이 나타나는 근본적 이유는 대량 생산에서 찾아야 한다. 대량 생산은 어떤 형태를 띠든 환경에 대해 고유한 충격을 주기 때문이다. 의료는 문화를 병들게 만든다. 교육은 환경을 알 수 없는 것으로 만드는 경향이 있다. 자동차는 간격을 좁혀야 할 지점에 고속도로를 박아 넣는다. 이렇듯 성장의 임계점을 넘어선 제도들은 저마다 **근본적 독점**[15]을 행사한다.

상업적 의미의 독점은 시장이 한 가지 상표의 페니실린, 위스키, 또는 승용차에 의해 장악되는 것을 가리킨다. 또 산업 카르텔은 모든 대중교통을 타이어를 중심으로 돌아가게 만드는 것을

---

15 radical monopoly. '역생산성'과 함께 저자가 중요하게 쓰는 개념이다. 근본적 독점은 일차적으로 제도나 상품(교환가치)이 사용가치를 장악하는 현상, 즉 상품을 통해서만 주어진 환경을 이용할 수 있는 상황을 가리키지만, 더 나아가서는 인간의 타고난 능력을 단순화하고 근본적으로 무력하게 하는 것까지 포함한다.

말한다. 하지만 근본적 독점은 여기서 더 나아간다. 그것은 환경으로부터 사람들이 취할 수 있는 특성들을, 즉 시장경제 바깥에서 생존을 도모하는 데 꼭 필요한 특성들을 앗아가 버린다. 산업 카르텔은 한 가지 산업 기술을 편들기 위해 다른 기술은 무시한다. 반면 근본적 독점은 전문가 상품을 위해 자율적 활동을 아예 마비시켜 버린다. 자동차로 인해 혼잡이 더하면 더할수록 교통감독관은 그만큼 더 필요할 것이고, 그럴수록 사람들은 더욱 무력해져서 집으로 걸어갈 수밖에 없게 될 것이다. 이 같은 근본적 독점은, 모터가 태양에서 에너지를 얻든 풍력으로 돌아가든 관계없이 교통의 고속화에 수반하여 일어나는 것이다. 마찬가지로 교육에 잡혀 있는 시간이 길어질수록 사람들은 이것저것 구경하며 경이감에 사로잡힐 시간과 의욕을 갖지 못하게 된다. 어떤 분야에서건 상품 공급량이 일정 한도를 넘어서면 인간 활동에 적합한 환경의 질이 악화되어, 상승효과를 낼 수도 있었던 사용가치와 상품은 역효과를 가져온다. 자기모순적인 역생산성이 시작되는 것이다.

기술 진보

우리를 노예로 만드는 두 번째 환상은, 공학적 소산물에는 더 많은 전문가 지배를 인가해야 한다는 식으로 기술 진보의 개념을 받아들이는 것이다. 이런 착각은 목적을 좀 더 효율적으로 달성

할 수 있게 하는 도구라면 당연히 복잡하고 난해할 것이라는 가정에서 나온다. 이렇게 하여 도구는 불가피하게 고도로 훈련된 전문적 운영자를 요구하게 되며, 그런 사람만을 안심하고 믿을 수 있게 한다. 하지만 사실은 정반대이고, 또한 그렇게 되는 것이 옳다. 기술이 다양해지고 더 세분화될수록 그것을 이용하는데 복잡한 판단이나 기능은 전보다 덜 필요하게 된다. 고객이 자유 전문직이나 장인의 자유로운 판단에 보내곤 했던 신뢰조차도 이런 도구들에는 더 이상 필요치 않다. 사회적 관점에서 보면, 우리는 '기술 진보'라는 표현을 오로지 다음과 같은 경우에만 한정해서 써야 한다. 즉 새로운 도구가 더 광범위한 사람들의 능력과 효율성을 제고하는 경우에만, 그리고 특히 사용가치의 자율적 생산을 더 늘리는 경우에만 써야 한다.

전문가들이 신기술에 대한 독점을 확대해가는 것에 관해 '불가피하다'는 말은 있을 수 없다. 지난 100년 동안 이뤄진 위대한 발명인 신소재 합금, 볼 베어링, 몇몇 건축재, 전기회로, 일부 의학적 검사법과 치료법은 자율적 생산양식과 타율적 생산양식 양쪽을 다 향상시킬 수 있다. '어길 수 없는 기술적 명령' 따위란 없다. 그럼에도 대부분의 신기술은 즐거운 공생을 위한 도구보다는 제도화된 패키지 상품들과 복합 상품들에 주로 반영되고 있는 것이 사실이다. 전문가들은 기술의 확실한 효율성을 수단으로 삼아 근본적 독점을 수립하는 일에 산업 생산력을 끊임없이 이용하고 있다. 역생산성은 사용가치의 생산이 마비된 데서 기인하지만, 기술 진보에 관한 잘못된 관념 때문에 더욱 촉진된다.

전문가의 보증

우리를 불구화하는 세 번째 신화는, 일반인이 도구를 효과적으로 사용하려면 먼저 전문적 테스트를 거쳐야만 한다고 생각하는 것이다. 청바지가 아무리 간편하고 튼튼한 옷이라 해도 '피에르 가르뎅'이 보증한 것이어야 한다는 생각이 그런 것이다. 이런 입장을 취하는 사람들 역시 역생산성을 모르지는 않는다. 타율적인 산업 생산과 자율적인 공동체 생산 간의 균형을 바로잡지 않으면 역생산성을 멈출 수 없다는 것도 잘 안다. 또 이들은 도구나 생산품들에 대해 지금처럼 전문가들이 평가를 내리는 대신 공동체가 평가를 내려야 한다는 점도 잘 이해한다.

하지만 '무른 기술(soft technology)'의 지지자들 역시 전문가들의 서비스라는 덫에 걸려 있기는 마찬가지다. 왜냐하면 보통사람이 아무리 적절한 기술을 손에 쥐고 있다 하더라도 산업적 기술과 경쟁하려면 현재 사용하는 도구를 보통사람 누구라도 사용할 수 있도록 재설계해야만 한다고 가정하기 때문이다. 이들은 궁극의 자전거, 최고의 풍차, 안전한 피임약, 완벽한 태양 전지판이 나오기만을 기다린다. 이런 사람들은 좋은 것이 더 좋은 것에 의해 끊임없이 대체될 거라는 전문가적 꿈에서 깨어나지 못하는 자들이다. 이들은 어떤 의미에서는 속물이다. 이들에 따르면 평범한 사람이 다국적 기업에 맞서 이길 도구란 필수적으로 '연구'와 '설계'라는 엄숙한 전례 절차를 거친 것이어야 하기 때문이다. 그렇다면 듀폰[16]이나 라로슈[17] 사에서 합성한 이른바 '기적의 물질들'과 다를 바가 무엇이겠는가.

자유와 권리의 혼동

우리를 불구로 만드는 네 번째 환상은, 전문가들이 성장의 한계를 정해줄 것이라고 기대하는 것이다. 무엇이 필요한지 듣고서야 필요를 갖도록 전 인구가 사회화된 터에 이제는 그것이 **필요치 않다**는 말을 들으려고 하는 것이다. 수세대에 걸쳐 부자건 가난한 사람이건 가리지 않고 부기회계, 탈취제, 에너지 소비의 국제 표준을 강요했던 바로 그 다국적 중개상들이 이제는 로마클럽을 후원하고 있다.[18] 유네스코는 고분고분하게도 한몫 거들겠다며 전문 인력을 훈련시켜 필요의 지역화에 나서고 있다. 즉 저들의 이익을 위해 부자들은 국내에서 더 값비싼 비용을 물고서

---

16 Dupont. 미국에 본사를 둔 다국적 화학회사. 나일론을 개발한 회사로 유명하며 합성수지, 합성섬유 등 수많은 화학제품을 생산하고 있다.

17 LaRoche. 스위스에 본사를 둔 다국적 제약회사. 종합비타민C를 처음으로 대량 생산했다.

18 로마클럽이 다국적 기업들의 후원으로 『성장의 한계』(1972)라는 보고서를 제출한 것을 말한다. 그러나 의도와 달리 이 보고서는 성장에 대한 철저한 반성보다는 새로운 성장 전략을 찾는 시발점이 되고 말았다.

전문가의 지배를 이용하도록 세뇌되고 있는 한편, 국외의 가난한 사람들은 더 싸구려의 빠듯한 필요들만을 제공받게 된 것이다. 새로 등장한 이들 전문가들 가운데 가장 영리한 자들은 결핍이 증대될수록 필요에 대한 통제를 더욱 강화할 수 있다는 점을 명확히 알고 있다. 중앙에 앉아 최적 산출을 위한 분산화를 계획하는 일은 1970년대 말의 가장 유망한 직업이 되었다. 하지만 아직도 사람들은, 전문가들이 선포한 한계를 지킴으로써 구원될 수 있다는 이 새로운 환상이 자유와 권리를 혼동하고 있다는 것을 알지 못하고 있다.

UN이 구분한 세계 7대 권역마다 제각기 새로운 성직자단이 출현하여, 새로운 필요 설계사들이 지역에 맞춰 초안한 내핍 유형을 설교하기 위해 훈련을 받고 있다. 이들 의식 함양 전도사들은 지역 공동체들을 돌아다니며 사람들로 하여금 각자에게 맡겨진 분산화된 생산 목표를 채우도록 독려하고 있다. 집에서 염소젖 짜는 일은 자유였으나, 이런 가혹한 계획 덕분에 젖짜기는 이제 의무가 되어 GNP 증대에 기여해야 하는 일이 되어버렸다.

자율적 생산과 타율적 생산이 함께 만들어내는 상승효과는 자유와 권리가 사회적으로 얼마나 균형을 이루고 있는가에 따라 달라진다. 자유는 사용가치를 보호하는 데 비해, 권리는 상품에 접근할 기회를 보장한다. 그러나 상품이 사용가치의 생산 가능성을 소멸시키고 궁핍을 낳는 부만을 가져오는 것처럼, 전문가가 정의하는 권리는 자유를 소멸시키고 사람들을 권리에 짓눌려 숨 막히게 하는 폭정을 수립할 수 있다.

자가 치료사 면허

우리를 노예로 만드는 다섯 번째 환상은 최근 유행하는 급진적 경향에서 엿볼 수 있다. 1960년대의 예언가들이 풍요의 문턱 앞에 서서 침을 튀기며 발전을 예찬한 것처럼, 이 새로운 신화의 생산자들은 고객이 전문가가 되어 스스로 자조(self-help)를 해야 한다고 열변을 토하고 있다.

나는 정식으로 허가받은 자가치료사만이 쓸 수 있는 욕실장 광고를 본 적이 있다. 1965년 이후 환자 스스로 치료하는 법을 가르치는 책이 미국에서만 약 2,700종이 등장했다. 그러니 이제 의사는 꼭 필요가 있을 때만 찾아가면 된다. 어떤 책은 적절한 훈련과 시험을 거쳐 자가치료 과정을 이수한 사람에게만 아스피린을 구입하고 아이들에게 복용시킬 권한을 부여하자고 제안하기까지 한다. 또 어떤 책은 전문 지식을 습득한 환자들에게는 입원비를 할인해주거나 보험료를 낮추는 혜택을 줘야 한다고 제안한다. 가정분만 면허를 가진 여성들만이 병원 밖에서 아이를 낳을 수 있게 해야 한다고도 한다. 이런 전문가 엄마쯤은 되어야 필요시 자기 스스로 당한 의료사고에 대해 자신이 책임질 수 있으니까. 심지어 나는 의료적인 뒷받침보다는 페미니스트적인 지원 아래 이런 가정분만 면허를 취득할 수 있어야 한다는 '급진적' 주장을 접한 적도 있다.

평범한 민초들 속에 필요의 위계질서를 세우겠다는 전문가들의 꿈은 이제 '자조'를 기치로 내걸고 있다. 60년대의 국제개발 전문가들은 사라졌지만 오늘날 그 꿈은 새로 출현한 자조 전문가 종족이 이끌고 있다. 비전문가의 전문화야말로 그들의 목표다. 지난여름 멕시코에 진출한 미국의 건축 전문가들이 이 새로운 십자군운동의 좋은 본보기를 보여준다.

2년 전쯤 MIT의 한 건축학 교수가 휴가차 멕시코에 온 적이 있다. 내 멕시코 친구가 공항에 마중을 나가 그를 어떤 곳으로 데려갔는데, 지난 12년에 걸쳐 새로 도시가 형성된 곳이었다. 오두막 몇 채뿐이던 곳이 버섯처럼 무럭무럭 자라나 MIT가 있는 케임브리지 시의 세 배에 이를 만큼 큰 공동체를 이룬 곳이다. 내 친구 역시 건축가였는데, 그가 보여주고 싶었던 것은 농부들이 허섭스레기들을 가지고 어떤 건축학 교재에도 나오지 않는 창의적인 형태와 구조로 수천 채의 집을 지은 광경이었다. 인구가 무려 200만에 이르는 빈민촌임에도 제대로 기능하게끔 만들어진 이 눈부신 발명품들을 사진에 담느라 미국인 동료가 수백 통의 필름을 쓴 것에 대해 내 친구는 놀라지 말았어야 했다. 사진들은 케임브리지에서 낱낱이 분석되었고, 이듬해 말이 되자 미국의 지역사회 건설전문가들이 그곳 네자우아코요틀 시에 몰려가 사람들에게 그들의 문제와 필요와 해결책이 무엇인지 가르친다며 바삐 돌아다녔다.

전문가 이후에 다가올 사회

우리 가운데 일부는 이미 **인간을 불구화하는 전문가 시대**를 벗어나서 살고 있거나, 상품과 서비스들을 위한 이 화려한 쇼핑센터를 벗어나서 살고 있으며, 또 다른 일부는 아직 실행하지는 못해도 그럴 능력을 가지고 있다. 더 포괄적인 복지 패키지를 약속하는 정치가들의 시절도 이제는 끝이 보이고 있다. 과거에 성직자들이 멋대로 옹립한 선거후(選擧侯)나 아류 마르크스주의자들이 늘어놓던 장광설이 조롱을 받은 것처럼, 머잖아 이들도 같은 대접을 받을 것이다. 볼테르의 시대에 프랑스 성직자들이 놓인 처지처럼 전문가들의 카르텔 역시 와해될 것이다. 아직은 불완전하지만 곧이어 등장할 **전문가 이후의 사회 기풍**(post-professional ethos)이 이들이 입고 있는 철갑을 벗기고 전라(全裸)의 맨몸을 폭로할 것이다. 건강, 교육, 복지, 마음의 평화를 파는 전문 행상꾼들이 무엇을 사고 왜 사야 하는지에 대한 통제권을 확립하는 데는 거의 사반세기가 필요했다. 그럼에도 어쩌면 앞으로도 오래도록 그들은 누가 무엇을 사고 돈을 얼마나 내야 하는지에 대해 갱단처럼 통제력을 행사할지도 모른다. 하지만 자신들도 모르는 사이에 그들의 신뢰성은 빠르게 시들어가고 있다. 전문가 이후의 사회 기풍은 벌거숭이 황제의 진면목을 알아채기 시작한 사람들의 내면에서부터 싹트고 있다.

이제는 수많은 개인과 집단들이 그들에 대한 전문가의 지배와 삶의 사회-기술적 조건들에 대해 이의를 제기한다. 이들은 질문을 던지고 의식적으로 창안한 생활양식을 추구함으로써 전문가 지배에 도전한다. 미국 중산층이 하나같이 빠져 있는 둔감함과 정통 개신교 신자들이 독선적으로 추구하는 영성의 중간지대에 광활하게 펼쳐져 있는 사회적 황무지에서 나는 끊임없이 이런 개인이나 집단들과 마주친다. 아직 이들은 서로 이질적인 상태에 있는 까닭에 안개를 통해서만 서로를 흐릿하게 볼 수 있는 것도 사실이다. 하지만 이들은 삶을 위해 포기해야 할 것이 무엇인지 깨닫기 시작한 사람들이다. 나아가 이들은, 바로 이웃에 정주한 부족이 채택하고 있는 전혀 색다른 삶의 양식을 자신들이 너그럽게 받아들이고 있다는 사실에 끊임없이 놀라고 있는 중이다.

이 소수자들은 이념과는 거리가 먼 사람들이지만 언제든 하나의 정치세력으로 변모할 수 있다. 이들 말없는 소수가 입을 열어 **자신들이 공통적으로 원치 않는 것**의 철학적이고 법적인 특성을 명확히 밝힐 때, 우리를 불구화하는 전문가의 시대는 바로 막을 내릴 것이다. 스스로 선택한 내핍생활이 어떤 즐거움과 이점을 주는지는 이미 이들이 입증하고 있거니와, 갈수록 비용이 높아져만 가는 상품 소비의 '권리들'을 공적으로 제한할 때 자유도 보장된다는 일반이론이 여기에 더해질 때라야만 그 내핍의 이점들은 더 뚜렷한 정치적 형태와 무게를 얻게 될 것이다. 하지만 전문가 이후의 사회를 요약해서 제시하는 것은 불가능하며, 이런 사회의 설계 특징 역시 본질상 예측할 수도 서술할 수도 없다. 우리는 자유로운 인간이 절제된 현대적 도구들을 가지고 이룩할 수 있는 일이 무엇일지 상상할 능력이 없다. 그러나 바라건대, 전문가 이후의 사회 기풍은 과거와 현재의 모든 문화를 합친 것보다 더 다채롭고 흥미진진한 사회적 파노라마를 보여줄 것이 틀림없다.

2장

의료 만능 사회

어빙 케네스 졸라

어빙 케네스 졸라 Irving Kenneth Zola

1935년 출생. 하버드 대학에서 역사와 사회학을 공부한 후 같은 대학에서 학생들을 가르쳤고, 이후 브랜다이스 대학 사회학 교수로 재직했다. 주요 연구 분야는 의료사회학으로, 이 주제에 관한 많은 글과 책을 미국과 유럽에서 출판했다.

이 글에서 내가 다루려는 주제는, 오늘날 의료가 종교와 법률이라는 더 전통적인 제도들을 포섭하면서 사회를 통제하는 주요 제도가 되고 있다는 사실이다.

의료는 진리의 새로운 보고(寶庫)가 되고 있으며, 도덕적으로 중립적이고 객관적일 것으로 추정되는 전문가들이 절대적이고도 최종적인 판결을 내리는 장소가 되고 있다. 판결은 이제 더 이상 가치나 정당성의 이름으로 내려지지 않고 건강을 명목으로 내려진다. 더군다나 이런 일은 의사들의 정치적 힘이 증대되었기 때문에 벌어지는 것이 아니다. 오히려 그것은 별다른 극적 효과도 없이 서서히 진행되는 현상으로, 결국 우리의 일상생활의 많은 부분을 '의료화'하고, 인간 존재의 점점 더 많은 부분을 의료와 관련된 것으로 만들거나 '건강'과 '질병'의 딱지를 붙일 수 있는 것으로 만들고 나서야 끝날 것이다.

가설로 그려보는 역사

의료의 영향력에 대한 우려는 새로운 것이 아니다. 100년도 더 지난 과거에 이미 괴테는 현대 세계가 하나의 거대한 의료기관으로 변할 가능성에 대해 두려움을 표했다. 필립 리프는 이런 두려움을 현대적인 표현으로 바꾸어 "병원은 서양 문화의 원형(原型) 기관으로서 교회와 의회를 계승하고 있다"[1]고 지적한 바 있다. 이런 이행은 수세기에 걸쳐 일어났지만 아직 끝났다고 볼 수 없다. 이 현상을 이해하기 위해 우리는 전문가들의 두 가지 주요 특징을 알아야 한다. 하나는 자신들의 일에 대한 통제권을 쥐려는 것이요, 다른 하나는 자신들의 전문 지식을 기술적 사안을 넘어 일반화하려는 경향이다. 에버릿 휴스(Everett Hughes)는 이런 특징을 좀 더 간결하게 설명하고 있다.

> 의사들은 특권적인 동업자집단에 가입해 있는 덕분에 개인적으로는 다른 사람에게 금지된 일을 할 수 있는 권한을 가질 뿐만 아니라, 집단적으로는 삶의 특정 측면에 관해 개인과 사회 일반에 유익하고 옳은 것이 무엇인가에 대해 함부로 발언할 수 있다고 믿는다. 나아가 그들은 이런 삶의 특정 측면에 대해 사

1 Philip Rieff, *Freud: The Mind of the Moralist*, Garden City: Doubleday, 1961, p. 340. —이 장의 주는 모두 원주이며, 편집자 주는 따로 표시함.

람들이 갖는 관점 자체를 실제로 설정하기까지 한다.[2]

전문가가 자신의 일에 대한 배타적 권리와 허가를 어떻게 확보하는지에 관해서는 다른 이들이 훨씬 더 잘 기술해 놓았으니 참고 바란다.[3] 내가 당장 논하고 싶은 것은 두 번째 측면이다. 에곤 비트너가 말했듯이, 전문가들은 기술적으로나 전통적으로 전문가의 몫으로 여겨지던 능력을 넘어 더 널리 펼쳐진 영역에까지 그들의 경계를 확장하려는 욕망을 갖고 있다는 것이다.[4] 우리는 바로 이 지점에서부터 종교, 법률 그리고 의료에 대한 간략한 검토를 시작하고자 한다.

기독교 성직은 모든 전문직들의 원형으로, 이 문제를 다루기 위한 가장 좋은 출발점이다. 기독교가 중세 초 유럽의 지배권을 확보한 이래, 성직자들은 줄곧 기독교의 제한 기능과 확산 기능 가운데 어디에 중점을 둘지 고민해왔다. 전자가 개인들에게 신의 은총을 받는 방법을 일정하게 처방해주는 일과 관련된 것이었다면, 후자는 예언 기능—즉 복음의 말씀을 공동체의 구조에

---

2 Eliot Freidson, *Profession of Medicine*, New York: Dodd, Mead & Co., 1970, p. 204에서 재인용.

3 위에 인용한 Feidson의 책은 최상의 자료다.

4 이후 설명하는 역사적 조망의 대부분은 다음 논문에서 나온 것이다. Egon Bittner, "The Structure of Psychiatric Influence", *Mental Hygiene*, Vol. 52, July 1968, pp. 423-430. 원래의 생각은 모두 그의 것이며, 곡해한 것이 있다면 내 탓이다.

까지 직접 적용하는 일—과 관련된 것이었다. 기독교 성직자들이 공동체의 삶에 깊이 개입할 수 있었던 것은 이런 '말씀'을 실어 나르고 정교화하는 일을 통해서였다. 이렇게 하여 종교개혁 무렵이 되자 모든 공동체는 진정한 의미에서 종교 공동체가 되었고, 모든 지도자는 종교적으로 신실해야 했으며, 모든 사회적 관계의 의미와 가치 역시 종교의 틀 안에서만 주어지게 되었다.

그러나 17세기와 18세기를 거치면서 종교의 가르침이 공동체의 삶에 미치는 영향력은 시들고 말았다. 영국에서는 '크롬웰의 시대'인 1640년대를 이 시기로 보는 사람들도 있다. 그즈음에 관습법이 국법으로 정착되었기 때문이다. 아마도 단일한 원인을 짚어내기란 불가능하겠지만, 에릭 홉스봄이 '이중의 혁명'[5]이라 부른 것들이 가장 큰 원인이 되었을 것이다. 프랑스혁명과 그 후속 사건들에 더하여 수세기에 걸쳐 일어난 산업혁명이 함께 원인으로 작용했다는 얘기다.

산업혁명이 공동체, 가족, 주민의 내부 관계와 그것들 사이의 상호 관계를 급격히 바꿈에 따라, 이런 관계들을 설명하고 정의할 수 있는 토대, 나아가 어쩌면 통제도 할 수 있는 토대를 새로 찾아야 했다. 구질서는 시들었고 새로운 법전 편찬자가 필요했다. 파종(播種)이 진행된 지는 이미 오래였다. 더 이상 초월적인

---

5 Eric Hobsbawm, *The Age of Revolution—Europe 1789~1848*, London: Weidenfeld and Nicolson, 1962. 한국어판은 정도영 역, 『혁명의 시대』, 한길사, 1998.

틀에 의존하지 않고 인간 본성을 설명하려는 소책자들이 씌어졌고, 이 책자들은 사회계약의 개념을 구체화하였다. 그 용어들은 주로 법적인 것이었고, 홉스, 루소, 밀 부자(父子), 로크와 같은 옹호자들이 등장해 나름의 학설들을 발전시켰다. 미국 헌법과 프랑스 헌법은 아마도 이런 생각을 도구화하여 왕좌에 앉힌 것이리라. 이 헌법들은 전혀 종교에 의거하지 않고 인간사 제반에 대해 이야기한다. 정의, 권리, 의무, 참정권, 자유, 계약과 같은 세속적 사안들이 그것이다. 과거에 인간 삶이 가진 의미와 그것에 대한 이해는 종교적 가르침에 속하는 것이었으나, 이제 그것은 법 안에서 모색되었다. 이런 정서는 '그것을 막는 법이 있어야겠어요(there ought to be a law against it)'라는 미국식 구어 표현에도 잘 드러나 있다. 여기서 말하는 '법'이란 좀 더 세속화된 현장감독인 셈이다. 과거에는 신의 지혜를 묘사하는 데서 진리를 구했다면, 이제 사람들은 인간 본성을 판독하는 데서 해답을 구했다. 그리고 그런 진리를 찾게 되자 사람들은 적어도 수사적으로나마 '법 위에 있는 사람은 없다'는 말로 그 진리를 구체화하였다.

물론 종교는 사라졌다기보다 세속적 영역을 법에 넘겨주면서 내면적 삶의 문제에 집중하게 되었다. 이에 따라 법은 한 세기가 넘도록 이렇다 할 저항 없이 번창했다. 그러나 "모든 전쟁을 끝내기 위한 전쟁"[6]을 포함한 두 차례의 세계대전은 이런 완강한 확신에 의문을 품게 하였다. 그리고 다른 두 가지 법적 사건이

얄궂게도 법의 조종(弔鐘)을 울렸다. 두 가지 사건이란 뉘른베르크와 예루살렘에서 열렸던 재판으로, (결국 성공하지는 못했지만) 피의자들이 대량학살 혐의에 맞서 자신들이 법과 권위에 복종했던 것뿐이라고 항변했던 사건들을 말한다. 게다가 최소한 미국만 보아도 가난한 사람들은 법이 있음에도 여전히 더 가난한 듯했고, 사회적 약자들은 여전히 착취당했으며, 소비자들은 기만당하는 듯 보였으니, 법에 대한 관념 자체가 의심받기에 이르렀다. 눈가리개를 한 정의의 여신상은 눈을 살짝 뜨고 한쪽에만 슬그머니 손을 내미는 여신상으로 바뀌고 있었다. 급기야 미국에서는 수십 년 전만 해도 거의 생각할 수 없었던 개념인 '악법'이라는 개념이 새로 등장하기에 이르렀다. 시민 불복종이라는 오래된 전술에 다시 불이 붙었고, 법 위반이 오히려 정당성을 갖는 상황들에 대해 논쟁이 벌어졌다. 가치 해석 체계가 다시금 허물어지기 시작한 것이다.

이상의 역사적 상황은 다른 방식으로 설명할 수도 있다. 비트너는 이 상황을 매우 웅변적으로 언급한 바 있다. "기독교의 영향력, 기독교가 가진 카리스마의 궁극적 기반은 **진리**였다. 이 말의 의미인즉 성직자들이 설교한 내용이 정말로 진리이거나 아

---

6 a war to end all wars. 1차 대전 발발 당시 소설가 H. G. 웰스가 참전의 정당성을 주장하며 처음 쓴 표현. 당시 영국 총리 데이비드 로이드 조지와 미국의 우드로 윌슨이 이 말을 재차 쓰면서 관용어가 되었다. —편집자 주.

니었다는 얘기가 아니라, 기독교가 영향력을 발휘한 이유가 진릿값과 관련된 것이었기에 그럴 수 있었다는 것이다. 이와 근본적으로 동일한 의미에서, 법이 영향력을 갖게 된 데는 **권위**의 관념이 기반이 되었다. (…) 물론 기독교가 권위를 내세우지 않았다고 말할 수는 없으며, 법 역시 진리의 문제에 관심이 없었다고 주장할 수는 없다. 하지만 전자의 경우 '진리의 권위'였던 것이, 후자에 와서는 '권위의 진리'로 바뀌었다. 또 전자가 더 이상 진리를 내세울 수 없게 되자 위기를 맞은 것처럼, 후자도 더 이상 권위를 내세우는 데 실패하자 위기를 맞게 되었다."[7]

하지만 또 다른 법전 편찬자 그룹이 대기하고 있었다. 진리와 권위 두 가지를 다 공급할 수 있는 조달자, 의학이 그 공백을 메울 참이었다.

왜 의학인가

왜 하필이면 의학이 새로운 법전 편찬자로 등장했는가. 첫째로는 '장소'에 이유가 있다. 즉, 이런 현상이 다른 곳보다 미국에서 특히 뚜렷하게 나타났다는 것이 그 이유이다.

아마도 진부한 사실 하나를 먼저 이야기해야 할지 모르겠다.

7 Egon Bittner, 앞의 책, p. 427.

어느 나라에서건 현대 의학은 기존의 방법보다 우수하다는 이유 하나만으로 성공을 거두거나 수용된 적은 없으며, 심지어 사망률과 신체장애를 현저히 줄이는 것으로 입증된 경우에도 마찬가지였다는 점이다.[8] 따라서 미국에서 의학이 특히 잘 수용된 까닭을 쉽게 이해하려면, 거의 건국 시점부터 이 나라를 지배해온 세 가지 중심적 가치들이 의학과 잘 들어맞았다는 점을 지적해야 할 것이다.[9]

이 가운데 첫 번째 가치는 행동주의(activism)라 부를 수 있겠다. 자연에 적응하거나 맡기려는 노력보다는 환경을 정복하고 자연에 맞서 싸우기를 줄기차게 강조하는 태도가 그것이다. 미국에는 댐으로 막지 못할 강이 없고, 다리로 연결하지 못할 지점도 없으며, 최종적으로는 정복하지 못할 질병도 없다. 정복이라는 관념은 미국이 소아마비와 홍역, 그리고 지금은 심장병, 뇌졸중, 암을 상대로 줄기찬 '전쟁'을 수행하는 데 적절한 수단을 제공해주었다. 두 번째 가치는 세속주의(worldliness)이다. 세속주의는 심미적이거나 신비적인 것들 또는 이론적인 것들보다 실용

---

8 이것은 서구의 공중보건 프로그램을 비서구권에 도입한 데 대한 수많은 사례 연구들만 보아도 간단히 입증된다. Ben Paul, ed., *Health Community and Society*, New York: Russell Sage, 1955 참조.

9 Talcott Parsons, "Definitions of Health and Illness in the Light of American Values on Social Structure" in E. J. Jaco, ed., *Patients, Physicians and Illness*, Glencoe, Illinois, Free Press, 1972, 2nd ed., pp. 107-127.

적이고 세속적인 것들을 추구하는 게 일반적으로 더 좋다고 보는 입장이다. 미국에 국교나 제도화된 종교가 없었던 것에 이 현상이 힘입었음은 의심할 여지가 없다. 그 결과 의학은 다른 나라에서와 달리 위협이 될 만한 제도상의 경쟁자를 전혀 가지지 않았다. 마지막으로 의학이 미국에서 성공을 거둔 것은 도구주의(instrumentalism)에 대한 가치부여 때문이다. 도구주의란 문제에 부딪쳤을 때 무엇인가를 하는 것, 다시 말해 무슨 일이든 한다는 '실행'에 대한 강조를 말한다. 미국에서 유행하는 심리테스트 항목 중에 '곤란한 상황에 처했을 때 아무것도 하지 않는다'가 신경증을 진단하는 항목으로 들어 있다는 것은 매우 흥미로운 점이다. 이처럼 행동을 강조하다 보니 때로는 아무런 논리적 근거도 없이 속도 자체가 강조되기도 한다. TV를 파는 데 있어 경쟁사 제품보다 30초 빨리 켜진다는 것을 판매 주안점으로 삼는 나라가 미국 말고 어디 있겠는가.

의학이 주도권을 장악한 두 번째 이유는 '시기'에 있다. 언제 그 일이 벌어졌는가도 이유가 되는 것이다. 여기에도 단일한 사건이 작용한 것은 아니다.

미국에서 세균학 혁명이 일어나고 플렉스너 보고서[10]가 나오면서 의학은 스스로 과학과 결혼하고 지식의 위대한 편찬자가 되었다. 스스로 진리임을 주장하기 훨씬 전부터 의학은 그 목적과 관련이 있어 보이는 지식이라면 무엇이든 자신의 품에 그러모으기 시작했던 것이다. (물론 마지못해 끌어들인 것도 있다.) 생물학에서부터 물리학, 경제학, 심리학, 공학, 철학, 윤리학에 이르기까지 거의 모든 학문이 의학의 교육과정 안에 자리를 잡았다. 그리고 일단 커리큘럼 안에 자리 잡은 이상 어느 지식도 탈락할 일은 절대 없어 보였고, 따라서 의과 수련은 계속 범위가 확장되고 기간도 늘어났다. 교육과정 위원회를 질겁하게 만들 일이 분명했지만, 의료는 그 덕분에 어떤 학문 분야나 제도보다도 더 많은 인간 삶의 측면들에 관여한다고 주장하게 되었으며, 20세기적인 삶의 의미를 다루는 법전 편찬자로서 중심적 위치에 앉을 수 있었다.

의료는 또한 당대의 중요한 시대정신—즉 '휴머니즘'의 새 물결—과도 결합하였다. 의료 역시 권위와 진리라는 전통적 사안에 여전히 관심을 가지기는 했지만, 다른 부문에서 특히 발군의 실력을 보여주었다. 타인에게 직접 도움을 준다는 생각, 곧 봉사(service)라는 개념에서였다.[11]

---

10 1915년 에이브러햄 플렉스너(Abraham Flexner)가 미국 전역의 의과대학들을 평가 분석한 보고서. 플렉스너는 당시 의학이 눈부신 성장세를 보이고 있음에도 아직 고유한 기술, 전문적 교육 프로그램, 문헌 체계를 갖추지 못했다고 지적함으로써 수많은 의과대학을 재정비하고 현대적 의료체계를 만드는 계기를 열었다. 그러나 의료가 일부 전문가 집단에 장악되고 민간의 자생적인 의료가 사라졌다는 점에서 이 보고서의 공과를 달리 평가하는 시각도 많다. —편집자 주.

11 Bittner의 앞 책은 이 논거를 특히 정신의학의 성장과 관련지어 설명하고 있다. 그러나 나는 이 생각을 의료 일반으로 넓힐 수 있다고 본다.

사회적 차원에서 의료에 유리한 일은 또 있었다. 의식주의 수준이 올라갔고, 그 결과 제반 원인에 기인한 사망률이 감소한 것이다.[12] 종교와 비교해 볼 때, 이런 현상은 아무리 작게 잡아도 의료와 모종의 관계가 있는 듯했다. 이승에 사는 기간이 짧고 그 삶이 비참할수록 종교와 내세의 관념이 더욱 특별한 의미를 갖는다는 생각은 너무 나간 것일지는 몰라도 내게는 그리 모순된 것으로 보이지 않는다. 이와 마찬가지로 이승에 사는 기간이 극적으로 늘어난다면, 그리하여 사람들이 50, 60세를 넘어 70세까지 살면서 암, 심장병, 뇌졸중처럼 전에는 생각지도 못한 질병으로 고통 받게 된다면, 이때는 이승의 삶과 이 삶의 가장 구체적인 구현물인 인간의 몸이 더 큰 관심과 주목거리가 된다.

이제 의학이 주도권을 쥐게 된 마지막 이유를 알아볼 차례다. 현대 의료가 약속하는 것과, 현대 사회의 특정 집단이 필요로 하는 것 사이에 폭넓은 이데올로기적 적합성이 있었다는 것이 그 이유다. 이 점을 이해하기 위해서는 또 한 번 역사적 조망을 해 볼 필요가 있다.

미국 헌법과 프랑스 헌법이 불러온 법률지상주의의 물결은 당시 사람들을 진정케 하는 관념들과 아울러 동요하게 만드는 몇 가지 관념들을 실어 날랐다고 해도 과언이 아닐 것이다. 왜냐

12 사망률 감소는 본질적으로 의학의 발전과 관계없는 현상이다. Rene Dubos, *The Mirage of Health*, Garden City, N.J., Anchor Books, 1961 참조.

하면 이 물결은 인간의 삶, 삶의 의미, 타인과의 관계를 규정하는 새로운 방법들에 더하여 개인의 해방, 자유 및 (아마도 받아들이기는 어렵겠지만) 평등과 같이 사람들을 적잖이 흥분시키는 개념들을 실어왔기 때문이다. 물론 이 말들이 근사하게 들렸다고 해서 실제로 실행에 옮길 의도로 사용된 것은 '물론' 아니었다. 표면상의 평등과 다르게 남보다 더 많은 '특권'을 가진 사람들은 '당연히' 있었다. 따라서 사람들 간의 '타고난' 불평등은 왜 있는 것인지를 설명하려는 이론과 저술들이 여러 분야에서 등장하기 시작했다. 이것들은 모두 과학적 측정과 수치로 포장되었지만, 그중에서도 골상학이 인기가 있었고, 여러 판을 거듭 찍은 드 고비노(Arthur de Gobineau) 백작의 『인종 불평등론』이 특히 인기를 끌었다. 그러나 이 이론들은 모두 비교적 단명했다. 하지만 한 인물과 그의 이론만큼은 과학적 업적으로 인정되었을 뿐 아니라 사회적 행동을 위한 지침으로도 큰 성공을 거두었다. 상대적으로 짧은 기간에 이 이론은 버트런드 러셀이 "일반 용법에 대한 숭배"[13]라 부른 지위에 도달했다. 찰스 다윈이 제시한 '진화'의 개념이 바로 그것이다.

다윈의 개념은 엄청난 호소력을 발휘했다. 진화의 개념 자체

13 the cult of common usage. 상식적으로 통용되는 지식을 무비판적으로 믿는 경향. 러셀은 관습적이고 관념적인 언어가 실제로는 아무것도 정확하게 말해주는 바가 없음을 가리키기 위해 이 표현을 썼다. —편집자 주.

는 새로운 것이 아니었지만, 진화가 일어나는 조건으로 경쟁 즉 '적자생존'이라는 과정을 제시했기 때문이다.[14] 식물계와 동물계에 적용할 수 있는 개념이 이제는 인간에게도 해당되는 것처럼 보였다. 이 개념이 진정으로 의미하는 것이 무엇이건 간에, 지금 여기에 존재하는 것이 어떤 점으로든 더 훌륭하기에 지금 존재하게 되었다고 말하기가 한결 손쉬워진 것이다. 이런 생각은 문명들에 적용되는 데 그치지 않고, 궁극적으로는 인간을 다른 인간들과 견주는 데까지 적용되었다. 시간상 현 시점에서 남보다 우위에 있는 사람은 어떻든 그럴 만한 존재이기 때문에 우위에 있다는 것이다. 우리는 종종 다윈의 이론을 반종교적이거나 심지어 기존 사회에 반하는 이론으로 보는 편임에도, 거꾸로 나무만 가지고 숲이라 보는 사람들도 분명 있었던 것이다. 한 과학회의 참석자는 다윈의 가설을 듣자마자 이렇게 말했다고 한다. "선생, 당신은 종교적 예정설을 생물학적 결정론으로 바꿔놓은 과학적 칼뱅주의를 설교하고 있군요."

고정 불변하는 우주, 신이 공표한 위계질서 대신 우리는 이제 과학법칙들에 의해 고정된 우주를 갖게 되었다. 그리고 이런 이론화 작업이 정치적, 사회적, 법적 차원에서까지 수행되자 더욱

14 '적자생존'(the Survival of the Fittest)은 정확하게는 허버트 스펜서의 개념으로, 다윈은 '자연선택'(Natural Selection)을 말했을 뿐이다. 그러나 다윈도 '적자생존'을 명시적으로 부정하지는 않았다. —편집자 주.

많은 사람들이(비록 당사자들은 인정하지 않겠지만) 기꺼이 이런 사고방식에 입각해 행동하려 했다.

사정이 이러했으니, 과학의 많은 부분과 후일의 의학이 적어도 내심으로는 특정 종류의 진보를 진보 관념으로 가지고 있었다고 주장하는 것도 가능하리라. 특히 의학은 다윈과 스펜서가 전한 메시지의 최종 해설자이자 전달자가 되었다. 이들의 이론은 사회 질서를 이해함에 있어 다른 경합 이론들, 즉 생시몽이나 마르크스-엥겔스의 견해보다 사람들을 훨씬 안심시켜 주었고, 1848년의 실패한 혁명[15]보다 더 위안이 되는 사회적 접근법을 보여주었다.

이렇게 하여 의학은 진보뿐 아니라 삶의 의미에 대해서도 새로운 관점에서 정의를 내리기 시작했다. 건강은 더 큰 목적을 위한 수단일 뿐만 아니라 그 자체로 목적이 되었으며, 단순히 좋은 삶을 위한 버팀목을 넘어 '좋은 삶이란 무엇인가'에 대한 정의 자체가 되었다. 그 완전한 표현은 1948년 제정된 세계보건기구(WHO) 헌장에서 볼 수 있다. 이 헌장에서 건강은 "단지 질병이 없거나 허약하지 않은 상태만을 말하는 것이 아니라 신체적, 정신적 및 사회적으로도 완전하게 안녕을 누리는 상태"를 말한다. 이제 법전 편찬자들은 성경이나 블랙스톤 주석서[16]가 아니라

15 나폴레옹 몰락 이후 부활한 왕정복고에 맞서 1848년 프랑스, 이탈리아, 독일 등지에서 동시에 일어난 자유주의 혁명. '2월 혁명'이라고도 한다. —편집자 주.

머크 매뉴얼[17]을 들고 다녔으며, 법복 역시 빨간색과 검정색에서 흰색으로 바뀌었다.

사회의 의료화

새로 싹튼 의료의 영향력은 앞서 말했듯이 종교와 법의 영향력에 비해서는 덜 눈에 띄었고 극적인 면도 덜했다. 의료가 전적인 영향력을 발휘한 것은 20세기에 이르러서다. 바로 지금에 와서야 '의료화'의 과정이 우리 앞에 다가온 것이다. 엘리엇 프리드슨은 이 현상을 아주 간명하게 묘사하고 있다.

> 의료 전문직에는 질병의 이름표를 단 것에 대한 관할권을 주장할 수 있는 우선권이 있다. 나아가 그들은 질병의 이름표를 달 수 있는 것이라면 무엇이든 그에 대한 관할권을 우선적으로 주장할 수 있다. 그것을 효과적으로 다룰 능력이 그들에게 있는가와는 무관하게 말이다.[18]

---

16 영국의 법학자 윌리엄 블랙스톤(Sir William Blackstone)이 저술한 『영국법 주해』(*Commentaries on the Laws of England*, 1769)를 말함. 법에 처음으로 학문적 체계를 부여함으로써 이후 미국법에 큰 영향을 주었다. —편집자 주.

17 *The Merck Manual of Diagnosis and Therapy*. 미국 제약회사 머크가 1899년 처음 출판한 의학전문서. 현재까지도 수정판을 거듭하며 의사들과 의대생들의 표준교과서 역할을 하고 있다. —편집자 주.

18 Eliot Freidson, 앞의 책, p. 251.

좀 더 자세히 설명하자면, 이런 '결부'의 과정은 구체적으로 네 갈래 길을 통해 진행되었다고 할 수 있다.

(1) 의료상 좋다고 여기는 관행을 일상생활의 영역으로까지 확장함으로써.

(2) 특정한 기술적 절차에 대한 배타적 통제권을 보유함으로써.

(3) 특정한 금기 영역에 대한 배타적 접근권을 보유함으로써.

(4) 일상생활에서 좋다고 여기는 관행을 의료의 영역에 포함시킴으로써.

1. 의료상 좋은 관행은 어떻게 일상생활로 확장되는가

의료의 방향이 질병에 대한 특정 병인(病因)을 찾는 모델에서 다중 원인을 찾는 모델로 점차 바뀌고 포괄의료나 심신의학과 같은 개념들을 점점 수용하게 되면서, 의료는 질병의 이해와 치료를 넘어서 예방과 관계가 있거나 관계가 있을 만한 것에 이르기까지 엄청나게 범위를 넓혔다. 이에 따라 환자는 이제 신체적 증상뿐 아니라 일상생활, 습관, 걱정거리들까지 증상으로 알릴 필요가 생겼다. '컴퓨터 시대'를 맞이하여 이 가운데 일부는 훨씬 용이해졌다. 왜냐하면 너무 쑥스러운 부분들이나 시간이 오래 걸리는 진단, 또는 대면 방식이 도리어 비효율적일 경우에는 기계가 질문하고 분석할 수 있게 되었기 때문이다. 심지어 환자가 의사를 전혀 보지 않고도 이런 일이 가능해졌다. 또한 컴퓨터의 출현과 함께 사생활 보장 원칙도 무너질 수밖에 없게 되었다. 과거였다면 많은 의사들이 유사 증상에 대해 아무리 철저히 조사한다 해도 결국 데이터를 보관하는 장소는 의사의 머릿속이 유일했고, 극히 일부만이 진료 기록으로 남았을 것이기 때문이다. 하지만 컴퓨터는 누구나 검색할 수 있고 전송할 수 있으며, 거의 소진되지 않는 메모리를 가진다.

그러나 더 '정밀한' 진단과 치료를 위해서는 이런 데이터적 특성들만 요구되는 것이 아니다. 거기에는 일정한 시각도 수반되어야 한다. 이 시각은 의사를 떠밀어 그로 하여금 자신의 진료실과 전문 기술을 훨씬 뛰어넘는 곳까지 넘보도록 만든다. 만성질환으로 피폐해진 몸을 재활 치료하거나 적어도 호전시키기 위해서는, 환자가 평생 유지해온 습관—일, 수면, 여가, 식사 등의 습관—을 영구히 바꾸도록 개입하는 일이 점점 필수화되고 있다. 예방 분야로 가면 이런 '일상생활로의 확장'은 더욱 심화된다. 1차 예방이라는 생각 자체가 이미 질병이 시작되기 **전에** 목표에 도달하는 것을 의미하므로, 의사는 단지 환자를 찾아내는 데 그치지 말고 찾아낸 환자에게 **지금** 뭔가를 하도록 설득해야 하며, 나아가 이 잠재적 환자가 특별히 아픈 곳 없이 건강하다고 느낄지라도 뭔가를 하라고 납득시켜야 한다. 최근에 유전학이 거둔 성과들은 이런 시각을 더욱 확장하도록 만들고 있다. 개인은 이제 자신의 수명 주기 동안 일어날 수 있는 질병들뿐 아니라, 자녀나 손자 대에 일어날 수 있는 질병들에 대해서까지 뭔가 결단해야만 하는 상황에 놓이게 되었다.

2. 특정한 기술적 절차들에 대한 배타적 통제권의 확보

배타적 통제권이란, 의료 행위에 대한 운영상의 정의와 법적 정의—말하자면 수술할 수 있는 권리나 약을 처방할 수 있는 권리—를 특정 관할영역에서 관철하는 기량을 특히 지칭한다. 의료에 대한 이런 정의가 가능하면 의료의 영역은 흔한 장기(臟器) 질환 따위를 훨씬 뛰어넘는 곳까지 확장된다.

이런 현상은 외과의 몇몇 하위 분야만 보아도 알 수 있다. 예컨대 성형외과는 특정한 미적 표준을 만드는 데 관여해온 것이 분명하다. 그런 표준을 영구적인 것으로 만드는 데 기여하지는 못했지만 말이다. 과거에는 복원에 국한되었던 성형외과 시술이, 이제는 외상성 기형이나 선천적 기형을 교정하는 수준을 넘어서 코의 형태나 유방 크기와 같은 새로운 신체적 특성을 만들어내는 데까지 확장되었다. 인간에게 본성은 없으며 오직 역사가 있을 따름이라는 스페인 철학자 오르테가 이 가세트(Ortega Y Gassett)의 말을 의학이 되풀이하여 증명하려고 애쓰는 듯하다. 이렇게 하여 예전 같으면 삶의 '자연스런 과정'으로 보았던 많은 부수 현상이 이제는 의료의 범위 안에 들어오게 되었다.

우선 노화가 그러하다. 시력, 청력, 치아 기능의 약화는 갈수록 중요한 의료적 관심사가 되고 있으며, 주름, 늘어진 피부, 탈모를 해결하기 위해 화학 치료나 외과적 처치를 받는 일도 다반사가 되었다.

다음으로는, 성 기능과 생식 기능을 개선하거나 바꾸는 일 역시 의료적 관심사가 된 지 오래다. 하지만 오늘날 자궁 절제술의 빈도는 장기 질환의 발병 여부와는 별로 상관관계가 없으며, 성 전환이 가능해졌다고 해서 어떤 미래가 열릴지는 아무도 확실히 알 수 없는 것이 사실이다. 여기서도 다시 한 번 우리는 의료의 책임을 떠올린다. 어쨌든 자연의 실수를 바로잡는다는 명목으로 행해지는 남녀한몸증(hermaphroditism)과 가성남녀한몸증(pseudohermaphroditism)의 외과적 치료는 그런 이들의 성 정체성과 성 기능을 안정시킨다는 뜻에서 고통 받는 인류에 대한 의학의 공헌으로 받아들여진 지 오래다.[19]

장기이식은 아직 비교적 드물게 시술되고 있지만, 죽음과 죽음의 과정에 대한 우리의 생각 자체에 지대한 영향을 끼치고 있다. 그리고 생명 연속체의 정반대 지점에서도 생명이 언제 시작되는가에 대한 기준과 지침을 정하기 위해 내과의와 외과의(낙태는 기본적으로 외과적 시술이므로)에게 사회적 조언을 구하고 있는 실정이며, 그들 역시 당연하게 받아들인다.

---

19 D. H. Russell, 'The Sex-Conversion Controversy', *New England Journal of Medicine*, Vol. 279, 1968, p. 535.

마지막으로, 약을 처방할 권리와 이 권리에 근거해 약을 선정하고 통제하는 배타적 권리 면에서 의사의 권력은 더욱 어마어마하다. 젊은이들의 '불법적인' 약물 복용을 잠시 제쳐두고 보더라도, 지난 10년 간 판매 수치상으로 약물 사용이 가장 크게 증가한 분야는 장기(臟器) 질환을 치료하는 분야가 아니라 수많은 심리사회적 상태를 치료하는 분야임을 알 수 있다. 심리사회적 상태란 예컨대 이런 것들이다.

수면이나 각성에 도움을 주기 위해.
식욕을 자극하거나 감퇴시키기 위해.
신체 활력을 누그러뜨리거나 증가시키기 위해.
우울증을 완화하거나 의욕을 일으키기 위해.
기억력, 지능, 그리고 시력을 높이기 위해.

미국 식품의약국의 한 전직 위원은 이렇게 말하기까지 했다. "우리는 기존의 어떤 약보다 목표가 더 뚜렷하고, 더 특화되고, 더 효능이 큰 신약들을 보게 될 것입니다. (…) 그런데 이것들 중 상당수는 우리가 건강하다고 부를 수 있는 사람들을 위한 약일 겁니다."[20]

---

20 J. L. Goddard의 말. *Boston Globe*, 1966년 8월 7일자에서 인용.

3. 특정한 금기 영역에 대한 배타적 접근권의 확보

여기서 '금기'(taboo) 영역이라 함은 개인에게 속한 것 가운데 가장 사적인 부분—우리 몸과 마음의 내밀한 작용—을 검진하고 치료할 수 있는 의료의 독점적 면허를 가리킨다. 이 말뜻인즉, 만일 뭔가가 있어서 우리 몸의 작용에 어떤 식으로든 영향을 끼치거나, 정도는 덜하겠지만 마음의 작용에 영향을 끼친다는 것을 보여줄 수 있다면, 그것에 대해 곧바로 '병'이나 '의료의 **소관사항**'이라는 이름표를 붙일 수 있다는 얘기다. 이에 대한 통계적 확인은 노화, 약물중독, 알코올중독, 임신의 네 가지 문제만 보면 금방 알 수 있다. 네 가지 가운데 노화와 임신은 원래 정상적이고 자연스런 과정이었고, 다른 두 가지만이 인간의 결함이나 약점으로 간주되었다. 그런데 지금은 사정이 바뀌어 이 새로운 필요들에 부응하는 전문 의료분야가 출현했다. 이런 변화는 인간의 생존기간을 연장하는 일에 대한 의료의 개입만 확대하는 게 아니라, 수치로 말하자면 비록 수십억은 아닐지언정 수백만의 사람들에 대한 의료서비스의 가능성을 여는 것이다.

미국에서 알코올중독을 질병으로 선언—현재 몇몇 주 의회에서 입법 검토 중이며, 대법원 판례에도 이런 취지가 담겨 있는데—한다는 뜻은 곧 많은 사법 관할지역에서 체포 건수가 10~50퍼센트 줄어든다는 의미이고, 예전이라면 '범법자'로 취급되던 사람들이 이제는 '발견' 즉시 의료시설로 옮겨진다는 의미이기도 하다. 하지만 훨씬 이해하기 쉬운 사례는 임신이다. 왜냐하면 미국에서는 불과 70년 전만 해도 대부분의 출산과 그에 따른 일들이 의사의 관리감독은 물론이요 병원을 벗어나 이루어졌기 때문이다. 내게 정확한 역사 자료는 없지만, 출산에 대한 의료의 개입이 공고해지자 출산과 관련된 제반 과정에 대한 의료의 권리 또한 공고해졌다. 이런 과정들에는 분만 자체는 말할 것도 없거니와 분만 이전과 이후 및 소아기 관리까지 포함되고, 임신은 물론 불임까지 포함되며, 생식 과정은 물론 성행위 자체와 그 문제들까지 포함된다. 나아가 임신중절 문제에 이르면 생명은 언제 시작되는가의 문제도 여기에 포함되며, 유전자 상담에 이를라치면 과연 생명을 허가해야 하는가의 문제까지 매우 광범위하게 포함된다.

이처럼 임신을 일종의 '질병'으로 이름 붙이자 이 꼬리표는 여성의 정치적, 사회적 역할과 자기 몸에 대한 통제권에 이르기까지 큰 함의를 가지게 되었다. 그러나 임신과 관련해서 일어난 일은 노화 문제에 와서는 더욱 큰 우려를 낳는다. 왜냐하면 약물중독자는 우리 가운데 일부일 뿐이고, 술에 중독된 사람은 그보다 조금 더 많을 뿐이며, 아기를 낳을 수 있는 사람은 우리 가운데 절반이지만, 나이를 먹지 않는 사람은 없기 때문이다. 여기에 멍석을 깐 인물이 노화방지 연구의 선구자인 일리야 메치니코프(Ilya Metchnikoff)다.

노화를 자연스런 생리 현상으로 보는 것이 오류임은 의심할 여지가 없다. 그럼에도 노화를 정상적인 것으로 간주하는 이유는, 사람이라면 누구나 나이를 먹기 때문이다. 그러나 이러한 가정은 마취로 얼마든지 경감시킬 수도 있는 출산의 고통을 그냥 겪는 것이 더 정상적이라고 하는 한에서만 옳다. 달리 말해서, 노화는 치료법을 찾기가 매우 어려운 **만성질환**인 것이다.[21]

이런 질병 모델은, 어떤 대가를 치르더라도 생명을 구하겠다는 영웅적 조치의 탈을 쓰고 이미 수면 위로 떠올라 있다. 머잖아 이 모델은 젊음 위주의 사회에서 '나이듦'의 정의를 바꾸고 우리도 모르는 사이에 훨씬 나쁜 의미로 만들지도 모를 일이다.

나아가 의료는 또 다른 금기 영역에 대한 개입도 늘려가고 있다. 전에는 영혼의 문제라 불렀고 지금은 정신과 분야에 포함되는 문제들이 그것이다. 최근 영국의 한 연구는 보고하기를, 개인적 문제를 기꺼이 의사와 상담하겠다는 비율이 지난 5년 동안 25퍼센트에서 41퍼센트로 두드러진 증가세를 보였다고 한다.[22] 부분적으로 이것은 의료인들이 다른 '금기' 영역에서 이미 거점을 확보했기 때문에 가능했을 것이다. 왜냐하면 많은 연구가 보

---

21 Patrick M. McGrady, Jr., *The Youth Doctors*, New York, Ace, 1969, p. 283 이하에서 재인용.

22 Karen Dunnel and Ann Cartwright, *Medicine Takers, Prescribers and Hoarders*, London: Routledge and Kegan Paul, 1972.

고하고 있듯이, 신체에 대한 접근을 일단 열면 다른 내밀한 영역에 대한 접근 역시 열기가 쉽기 때문이다.[23] 프리드슨의 보고에서도 환자들은 정서상의 문제에 도움을 받을 때 사회복지사보다 간호사가 더 좋다고 말하는데, 이는 간호사가 그들의 상황을 더 '친숙하게' 알고 있기 때문이라는 것이다. 프리드슨이 보고한 사례 가운데 적절한 예가 하나 있다.

> 선생도 알다시피 사람은 누구나 자기에 대해 뭔가 아는 사람에게 기대고 싶은 법인데, 저는 사회복지사를 잘 알지 못한다는 거죠. 물론 그 여자가 내 사회복지 이력을 가져갔고 늘 인사를 나누는 사이라는 걸 무시하는 건 아니에요. 하지만 전 그 여자를 모르고, 그 여자도 저나 우리 가족에 대해 정말 잘 안다고 생각하지 않아요. 우리에 대해 더 잘 아는 사람이 간호사라면, 그 간호사에게 기대는 게 사리에 맞는 거죠.[24]

이처럼 심리 및 정신과 분야에서 전문 의료인의 '인기'가 높아진 데는 여타의 의존 자원들이 순감소한 데도 원인이 있다. 우선은 종교와 성직자들이 일상생활의 문제에 대해 맺었던 '관련성'

---

23 Irving Kenneth Zola and Sydney Croog, "Work Perceptions and Their Implications for Professional Identity", *Social Science and Medicine*, Vol. 2, 1968, pp. 15-28.
24 Eliot Freidson, "Specialists Without Roots", *Human Organization*, Vol. 18, Autumn 1959, p. 115.

이 점점 줄어든 데에 원인이 있다. 비록 지금은 갖가지 다른 형태의 카운슬링을 하는 데서 새로운 영역을 찾고 있긴 하지만 말이다. 현대적인 주거 형태 또한 원인이 되었다. 교외 거주지가 더 확장된 탓이든, '현대적 도시공동체'라 불리는 원통형 콘크리트 거주지가 늘어난 탓이든 간에, 이제는 함께 모여서 비공식적이고 편안하게 대화를 나눌 공간이 사라졌고, 이에 따라 '도움의 비공식 네트워크'가 더 한층 줄어들었기 때문이다. 이 때문에 사람들은 어쩔 도리 없이 더 공식적인 제도들에 의지할 수밖에 없게 되었다. 그런데 점점 늘어만 가는 이들 대상자를 위해 준비를 갖추고 기다리는 기관이 유일하게 있었으니, 그것이 곧 의료다.

4. 일상생활에서 좋은 관행은 어떻게 의료의 영역에 포함되는가

이 과정은 사회를 '의료화'하는 과정들 가운데 가장 강력한 것이라 하겠지만, 요점은 간단하게 말할 수 있다. 우리가 지적하려는 것은, 의료가 좋은 삶을 만들고 나쁜 삶을 막는 데 직접적 역할을 한다는 점이다.

의료가 가장 널리 사회적 개입을 관철하고 있는 분야는 급성장하고 있는 유전학과 그 응용분야인 유전질환 상담이라고 하겠다. 1974년의 미국 의회보고서[25]는 당시까지 알려진 유전질환 목록에 단일유전자 장애로 인한 질환을 거의 2천 개 가량 포함시켰는데, 이는 해마다 75~100개꼴로 새로운 질환이 확인되고 있음을 보여주는 것이었다. 다운증후군(몽고병)처럼 중복유전자 또는 염색체 결함에서 기인하는 장애는 여기에 포함시키지 않았으므로, 알려진 유전질환의 숫자는 훨씬 많은 셈이다. 또한 이 목록에는 유전 성분이 의심되는 경우나 다양한 환경적 요인에 노출된 데서 오는 알려지지 않은 돌연변이 유발 작용도 포함되어 있지 않다. 이런 데이터를 감안한다면, 미국 의학협회저널 1974년 11월호에 실린 논문에서 염색체 결함에 관한 기존 연구에 근거하여 정상출산 200건에 한 건 꼴로 이상이 발생한다는 추정치—되도록 낮춰 잡은 수치—를 제시한 것도 별로 놀라운 일은 아니다.[26]

이런 사실들은 내게 다음과 같은 사회학적 예측을 하도록 만든다. 어떤 이유로든 이미 출산율이 감소하고 있는 사회에서는 앞으로 태어날 생명의 질에 대해 불가피하게 관심을 더 가질 것이라는 예측이다. 이런 관심은 필시 처음에는 특정한 유전적 결함을 가진 아이를 낳지 않으려는 유전적 선택해제(deselection)로 시작되겠지만, 다음 단계에서는 특정한 형질들을 강화하거나,

---

25 미국 의회도서관 산하 의회조사국(Congressional Research Service)내 과학정책조사부(Science Policy Research Division)가 작성하고, 제93대 미 하원의회 과학우주기술위원회 산하의 '과학 연구 및 발전을 위한 소위원회'에 제출된 보고서, "Genetic Engineering—Evolution of Technological Issue", Supplemental Report I, U.S. Government Printing Office, December 1974 참조.

26 위 보고서 Science Policy Research Division Report, p. 3에서 재인용.

아니면 적어도 개인과 사회를 특정한 부정적 형질로부터 보호하려는 적극적 선택(selection)으로 이어질 것이다. 그리고 우리가 원하든 원치 않든 간에 책임은 다시 의료와 건강관련 전문가들의 수중으로 돌아갈 것이다.

의료가 생명 자체의 문제를 직접 다루는 역할을 맡게 된 데는 어느 정도 스스로 의도한 측면이 있다. P. 헨더슨 박사가 1971년 영국 학교보건지원단에게 한 회장 연설[27]을 잠시 인용해 보자. 그의 연설문은 동료인 학교보건 근무자들에게 다음과 같은 문제를 '건강상의 문제'로 보고 관여해야 한다는 메시지를 분명하게 전하고 있다.

빈곤, 빈민가, 또는 빈민주택
행동장애와 정서장애
부적응
청소년 비행
약물중독
자살
시설보호 아동
성병

---

27 P. Henderson, "Some Continuing Health Problems of School Children and Young People and Their Implications for a Child and Youth Health Service", *Public Health London*, Vol. 85, 1971, pp. 58-66.

청소년 임신

낙태

그는 이상의 것들을 특별히 주목해야 할 사항으로 꼽은 다음, 그 밖의 사항들로 시각장애 · 청각장애 · 신체장애 아동, 발화장애 및 언어장애 아동, 간질 · 당뇨 · 천식 아동, 난독증이나 정서적 및 교육적 지체를 보이는 아동과 같이 좀 더 전통적인 문제들을 덧붙인다. 이 목록에서 누가 제외될 수 있는지, 무엇이 제외될 수 있는지 궁금할 따름이다.

의료의 정치화

이상의 '의료화' 과정들은 모두 정치로 귀결된다. 우리가 아무리 그 귀결을 부정하려 애쓴다 해도 말이다. 건강과 질병에 비유해 수많은 사회 문제를 설명하는 일은 더욱 빈번해지고 있다. 최근 한 해 동안의 『뉴욕타임스』를 훑어보기만 해도 우리는 다양한 사회 현상들에 대한 의학적, 정신의학적 논평을 쉽게 찾을 수 있다. 이혼, 인종폭동, 블랙파워, 청소년 비행, 타인종 및 타종교 간 결혼, 헤로인과 LSD 및 마리화나 상용자, 대학중퇴자, 무례한 어린이, 히피족, 인권운동가, 학생시위대, 반전시위대, 의료비평가, 투표기권자, 징병기피자, 여성해방론자 등등. 지금 나는 여성주의자들이나 시위대에게 어떤 임상 질환이 있는지 논하려는 것이 아니다. 내 관심은 특정한 문제 또는 특정한 문제 인물들이 '~병'이라는 오명을 얻을 때 무슨 일이 일어나는가에 있다.

병증에 대한 부각은 불가피하게 문제의 원인을 개인에게로 몰아가고 문제를 처리하는 장소 역시 개인에게 국한시킨다. 문제의 병인(病因)을, 가령 병원성 세균이나 호르몬 불균형이 그렇듯이 비사회적이고 비인격적인 것으로 만들어버린다. 물론 사회 문제의 소재가 주로 개인이나 그가 속한 그룹에 있을 때는 특정 장기(臟器) 질환을 다룰 때처럼 이런 관점을 실용적 기반으로 이용할 수도 있을 것이다. 하지만 이런 관점은 우리로 하여금 더 크고 곤혹스런 진실들을 보지 못하게 하는 부가적 역할도 한다. 어떤 문제가 질병의 범주에 포함되면 '질병'의 정의상 그 문제는 비사회적인 것으로 치부된다. 따라서 사람들이 기대하는 개입 수준 역시 사회적 차원으로 올라가지 못한다. 그럼에도 어디선가 이 문제를 다뤄야 하고 누군가 책임을 져야 한다면, 그것은 개인들—주로 문제를 일으킨 당사자들—의 몫이지 나머지 사람들의 문제는 결코 아니며 사회 일반이 맡을 문제도 아니다. 다시 말해서, 히틀러와 나치스를 병든 정신병자 무리로 몰아서 제2차 세계대전을 일으키고 인종학살의 개념을 현대적으로 구현한 책임을 묻는 것이, 4천만 독일인과 이것을 수수방관한 세계가 공모한 일로 의심하는 것보다 훨씬 쉽다는 얘기다. 마찬가지로 리처드 닉슨의 병이나 그 추종자 일당의 비뚤어진 신경증과 과대망상증의 경중을 따져보는 편이, 어떤 종류의 사회-경제-정치 제도가 이런 인물들을 만들어내는지에 대해 묻는 것보다 훨씬 속 편한 일이라는 것이다.

이런 의료적 모형이 가진 또 하나의 매력은 그것이 도덕적 중립을 표방하고 있다는 점이다. 그러나 여기에는 도덕적 쟁점을 흐릴 수 있는 가능성도 가장 많이 내포되어 있다. 의료적 관점에서 볼 때 질병이란 고통스럽고 바람직하지 않은 것, 따라서 제거되어야만 하고 제거될 수 있는 것으로 치부된다. 바로 이런 '제거'의 개연성 때문에 사회 문제나 불유쾌한 사회 현상을 질병과 동일시할 때는 각별한 주의를 기울여야 한다. 왜냐하면 개인의 질병과 마찬가지로 사회적 질병 역시 '질병'으로 정의하는 한 개인의 바람과는 **상관없이** 제거해야 할 대상이 되니까.

여기서 '상관없이'는 매우 중요한 요소다. 사회 문제를 질병으로 이름 붙이는 과정에는 대단히 중요한 힘의 불균형이 존재한다. 질병이란 오로지 특별히 지정된 면허취득자와 수임자들, 즉 의사들만이 진단하고 치료할 수 있는 것이니까 말이다. 상황이 이렇게 되면 환자 후보는 자신을 환자로 낙인찍는 진단에 대해 항변할 권리조차 주장하기 어려워진다. 만일 환자가 실제로 자신에 관한 일에 반대를 표하면 사회적 수사(修辭)가 다시 등장하여 쟁점을 흐린다. 즉 이 사람에게는 병이 있으므로 자신에게 무엇이 좋은지 잘 알지 못하며, 자신이 하는 행위에 '그럴 만한 가치가 있는지' 확실히 알지 못한다는 식이다. 반면 진단-치료자들은 당연히 자기들이 **안다**고 생각한다. 진단을 내리는 이들 전문가가 볼 때 환자의 행위에는 아무런 의미도 없으니까.

바로 이런 전문성이야말로 전문가의 판단을 도덕적으로 중립적인 듯 보이게 하는 요소다. 하지만 이런 추론 안에는 커다란 기만이 존재한다. 질병 진단자들과 그들의 지식이 도덕적으로 중립적—나는 심각하게 의심하지만—이라 인정한다손 치더라도, 특정 사회문제를 그들에게 맡기기로 사회가 결정하는 순간 도덕적 귀결은 피할 수 없기 때문이다. 이런 결정이 도덕적으로 중립적일 수 없는 까닭은, 의료적 관련성을 어떤 행동의 핵심적 차원으로 삼을 경우 도덕적 쟁점은 정면으로 다뤄지지도, 때로는 아예 제기되지도 않을 것이기 때문이다. 특정 행동을 질병으로 받아들이고 또 질병을 바람직하지 않은 상태로 정의하게 되면, 사람들의 관심사는 그것을 과연 문젯거리로 다룰 것인가의 **여부**가 아니라 **언제 어떻게** 다룰 것인가로 바뀌게 된다. 이렇게 하여 동성애, 마약, 낙태, 과잉행동장애 아동, 반사회적 행동에 대한 논쟁은 이 현상들과 해당자들이 부여받은 질병, 달리 말하면 이 현상들에 **이미** 내포되어 있다는 **알지 못할** '건강상'의 위험의 경중에 집중된다. 이와 함께 좀 더 원론적이고 곤혹스런 문제는 옆으로 밀려난다. 즉 '개인은 자기 몸에 대해 어디까지 자유를 가질 수 있는가'와 같은 쟁점이나, '개인 말고 치료가 더 필요한 분야는 어디인가'와 같은 도덕적 쟁점은 묵살되고 마는 것이다.

글을 마치며

기본적으로 나의 주장은, 사회 문제를 이해하는 방편으로 '질병'의 개념을 이용하는 일이 늘었다고 해서 이것이 도덕적 시각으로부터 중립적 시각으로의 극적인 변화를 뜻하지는 않는다는 것이다. 이 사실은 단지 전략이 바뀌었음을 말해줄 따름이다. 사회 문제를 다루는 방식의 전환은, 누가 그 변화의 책임을 떠맡는가(이 경우에는 정신의학 및 기타 의료분야)와 어디에서 그 변화가 일어나는가(개인의 정신 및 신체)에서 주로 나타나게 마련이다. 그 모든 의학적 수사에도 불구하고, 문제를 아무리 면밀하게 검토하고 개인이 바뀐다고 해서 부도덕성이 감해지는 것은 아니라는 얘기다. 사회가 아니라 개인에게 책임이 있고, 사회가 아니라 그 사람이 변화되어야 한다고 의학적 수사가 아무리 우리를 설득한다 해도, 해당 사안과 인물은 여전히 '문제'로 남는다. 또한 해당 사안과 인물이 의료적으로 치료-변화되어야 하고 또 치료-변화될 수 있다는 생각에는 심지어 도덕적인 책무조차 그대로 온존되어 있다.

그러나 '건강과 질병'이라는 이름표는 탈정치화라는 기본적 효과만 갖고 있는 게 아니다. 그것은 또한 배제 효과도 갖는다. 여성운동이 거둔 성과 가운데 가장 중요한 것이 의료 서비스의 무분별한 확산을 저지한 일이라는 것은 우연이 아니다. 「우리 몸 되찾기」(Taking Our Bodies Back)라는 훌륭한 다큐멘터리 영화와 『우리 몸, 우리 자신』[28]이라는 비범한 책에서 여성들은 자신들이 얼마나 큰 권리를 포기해왔는지 자책하는 데서 나아가, 삶의 제반 측면에서 여성들을 배제하기 위해 어떻게 생물학적 차이가 이용되어 왔고 건강상의 허구적 차이가 이용되어 왔는지 폭로한다. 나는 "해부학명이 곧 운명"(anatomy being destiny)[29]이라는 이 현상이 더욱 확장될까 두렵다. 과거에는 인종, 민족, 성별, 나이를 들어 직장에서 누군가를 배제했다면, 이제는 신체 상태나 건강을 이유로 들어 승진 부적격자, 업무 부적합자로 판정하고 조기퇴직 대상자로 내몰 것이기 때문이다. 우리 사회가 이미 배제 사회라는 데 동의하지 않는다면, 지금 고개를 들어 눈앞에 축조되어 있는 장벽들을 보라. 학교, 식당, 극장, 공공건물, 법원, 심지어 개인 주택에 이르기까지 시민들의 온전한 접근과 참여를 배제하기 위

---

28 Boston Women's Health Book Collective, *Our Bodies, Ourselves*, New York: Simon and Schuster, Rev. Ed. 1976.

29 지그문트 프로이트가 처음 쓴 표현. 타고난 성이 인격적 특징을 결정하는 가장 큰 요소임을 강조하는 뜻으로 썼는데, 이후 성장 환경과 사회문화적 요소가 성 정체성을 결정하는 데 더 중요하다는 연구가 여럿 나오면서 반박되었다. —편집자 주.

해 만든 담장들을 말이다. 아니면 노인이나 기형자들을 역겨워하도록 젊음의 미학이 쌓아올린 사회적 장벽들을 보라. 나아가 시각 및 청각 장애자들과 편안히 대화하는 것을 막고, 얼굴에 흉터난 사람을 똑바로 응시하지 못하게 하며, 언어 장애자의 말을 잠시 동안도 경청하지 못하게 하는 의사소통의 장벽을 보라.

이 모든 장벽이 만들어진 데는 뿌리 깊은 이유가 있다. 의료서비스의 제공자가 성별, 경제적 계층, 인종 면에서 서비스 요청자와 두드러지게 차이나는 한, 그리고 서비스 이용이 권리라기보다 특권인 한, 또 가장 높은 수입을 올리는 집단이 의료 전문직이고 제약회사와 보험회사가 가장 수익이 높은 기업들 가운데 속하는 한, 우리 사회에 편치 않은 현상들은 지속될 것이다. 즉 구성원 일부가 타인의 고통에 기대어 살아가는, 그것도 잘 살아가는 현상, 그리고 이런 문제의 온존을 통해 부지불식간에 기득권을 유지하는 현상은 당분간 그대로 남을 것이다.

거미줄처럼 얽힌 정치적, 경제적 힘과 심지어 사회심리적인 힘들이 이 시스템을 떠받치고 있기에, 이것들을 자각할 때만이 해체 작업도 시작될 수 있다. 이 모든 이유에서 나는 건강 분야가 오늘날의 정체성 위기―나는 누구이며 나는 장차 무엇이 될 것인가의 위기―를 보여주는 가장 좋은 예라고 확신한다. 사실 이 분야는 전쟁터로 보이지 않는다. 눈에 보이는 위협도 압제자도 없으며, 있더라도 거의 눈에 띠지 않기 때문이다. 또한 의료의 관점, 의료 지식들과 도구들, 의료 실행자들과 여타 전문 조력자들이 본질적으로 사악하기보다는 전혀 그렇지 않기 때문이다. 그러나 이것이 무서운 점은, 한나 아렌트(Hannah Arendt)가 매우 곤혹스럽게 언급한 '악의 평범성'[30]이 여기에 존재하기 때문이다. 하지만 위험은 이 경우가 더 크다. 왜냐하면 그 과정이 기술적이고 과학적인 객관성을 가장하는 데 그치지 않고, 우리 자신을 이롭게 하기 위한 일이라고 위장하고 있기 때문이다. 요컨대, 건강지상주의 사회로 난 길은 겉보기에 좋은 의도들로 포장되어 있을 개연성이 얼마든지 있는 것이다.

30 아렌트가 유대인 학살 책임자 중 하나인 아이히만의 재판을 보고 쓴 말. 인간의 악마성은 악한 동기 자체보다는 무비판적 상투어와 사유의 불능성에서 나온다고 결론지으며 이를 '악의 평범성'(banality of evil)이라 불렀다. ―이상 편집자 주. Hannah Arendt, *Eichmann in Jerusalem*, New York, Viking Press, 1963. 한국어판은 김선욱 역, 『예루살렘의 아이히만』, 한길사, 2006.

3장

서비스 사회의 정치학

존 맥나이트

존 맥나이트 John McKnight

1931년 출생. 시민적 권리와 자유를 지키는 활동에 오래 몸담았고, 시카고 노스웨스턴 대학에서 커뮤니케이션 및 도시학 담당 교수로 학생들을 가르쳤다. 미국, 유럽, 라틴아메리카에서 강연 활동과 함께 사회 문제와 관련된 여러 논문을 발표했다.

현대 사회의 비즈니스는 서비스다. 현대 사회의 사회적 서비스는 비즈니스다. 이 같은 사실은 언어 사용에도 반영되어 있다. 오늘날 전문가들과 그 대리인들은 교육 '상품'이라 말하고, 의료 '소비자'라 부르며, 법률 '업계'라는 말을 쓴다. 고객들은 '시장'으로 정의되며, 전혀 새로운 유형의 전문가 집단인 기술관료들(technocrats)은 기업회계 시스템을 이용해 서비스를 '출시할' 방법을 개발하고 있다. 컴퓨터는 심리학적인 '투입'과 가족 단위 '산출'을 측정하여 저장한다. '서비스 수혜 단위'와 '서비스 공급 단위'가 있고, 고도로 훈련된 경제학자, 통계학자, 설계자들이 물질적 재화의 생산 · 소비 · 유지를 계산하듯이 사회적 서비스의 생산과 소비를 계산한다. 더욱 중요한 것은, 자본주의 사회건 사회주의 사회건 가릴 것 없이 모든 현대화된 사회는 국민총생산(GNP)에서 서비스 부문의 비율이 끊임없이 증가하는 특징을 보여준다는 점이다. 여기서 말하는 서비스란 우편배달, 식료품 공급, 자동차 수리와 같은 서비스뿐 아니라, 결혼상담, 산아제한, 카운슬링, 교육, 법률중재, 아동·성인·노인으로 세분해 제공하는 돌봄(care) 서비스, 그리고 사회적 부조(help)로 뭉뚱그릴 수 있는 모든 사회적 서비스를 가리킨다.

지금의 경제 발전단계는 무제한의 성장 가능성을 특징으로 한다. 왜냐하면 서비스 생산에는 상품 생산에 가해지는 제한들, 즉 천연자원·자본·토지와 같은 제한적 요소가 전혀 없기 때문이다. 그러므로 사회적 서비스라는 비즈니스는 무한한 확장 가능성이 있다. 그 서비스들을 만들어내도록 이끄는 필요에 끝이 없어 보이기 때문이다.

이런 점에서 현대화된 국가들은 '서비스 경제'라는 정의와 잘 부합한다. 이 사회들은 서비스화된 사회들이며, 서비스 생산자들과 소비자들 또는 서비스 전문가들과 고객들로 인구가 구성된 사회들이다.

서비스의 정치는 어떻게 탈정치를 가장하는가

서비스화된 사회의 정치는 차츰 모습을 드러내고 있는 중이다. 공공예산은 서비스라는 짐에 짓눌리고 있다. 중앙정부와 지방정부들은 상호 경합하는 서비스들 중 한 편의 손을 들어줘야 하는 전례 없는 정치적 상황에 처해 있다. 교육 쪽에 더 주어야 할지, 의료 쪽을 줄여야 할지 하는 고민들이다. 각 서비스 부문 내에도 똑같이 어려운 딜레마들이 존재한다. 임신 중절에서 지출을 줄여야 할까, 아니면 독감 백신을 무료로 공급하는 데 예산을 배정해야 할까?

이런 딜레마들은 종종 서비스가 가진 탈정치적 성격으로 인해 용해되어 버리곤 한다. 상품 경제에 뿌리를 둔 구식 정치는 국민에게 더 필요한 것이 밀인지 철강인지, 자동차인지 주택인지를 두고 시민 토론이 벌어지도록 했다면, 새로운 서비스 정치는 의사와 교사 중 더 필요한 사람들이 누구인지, 변호사와 사회복지사 중 누가 더 필요한지를 두고 토론하도록 만든다. 정치적으로 이 문제는 건강을 교육과 맞바꿔야 할지, 아니면 사법정의 대신 가족복지를 택해야 할지 묻는 것이다. 이런 선택은 전통적 관점으로는 해결할 수 없는 정치적 상황을 만든다.

밀과 철강 가운데 하나를 택하는 것은 우리의 정치 전통상 가능한 일이지만, 건강과 교육 가운데 하나를 택하는 것은 정치적으로 불가능해 보인다. 왜냐하면 건강과 교육은 하나를 버리고 다른 하나를 택하는 것이 불가능한 선택지들이기 때문이다. 이것들은 '서비스'인 것이다. 서비스에 대한 자원 배정은 확실히 정치적 논란에서 면제되어 있기에, 많은 정부는 밀을 줄이고 교육을 늘린다든지 철강을 줄이고 의료를 늘리는 식의 결정을 내림으로써 딜레마를 해소한다.

이렇게 말한다고 해서 그런 선택이 옳거나 옳지 않다는 뜻은 아니며, 나아가 그런 선택이 적절한 기준을 가지고 있다는 뜻도 아니다. 여기서 말하려는 점은, 서비스의 탈정치성이 가진 침투력이 너무 큰 탓에 서비스의 창출과 자원 배정이 현대 경제에서 매우 중요한 정치적 사안임에도 공공정책 입안자들이 이를 거의 인식하지 못하고 있다는 것이다. 서비스가 가진 정치 면역력은 서비스가 상징적으로 가리키는 의미를 보면 가장 잘 이해할 수 있다.

서비스는 비용을 지불하는 어떤 것이다.
지불의 대상이 되는 효용은 '돌봄'이다.

돌봄이란 원래 사랑의 표현으로 하는 행위다. "난 누구보다도 그 여자를 좋아해(care for)" 같은 말이나 "저는 아버지와 어머니를 보살핍니다(take *care* of)" 등의 말처럼 **서비스**는 **돌봄** 즉 **사랑하는** 것이며, 사랑은 보편적이고 탈정치적인 가치다.

그렇다면 상징적 의미에서 서비스의 탈정치적 성격은 사랑의 무제한적 보편성에서 유래한다고 할 수 있다. 서비스를 베푸는 사람에게 그의 일이 왜 궁극적인 만족감을 주는지 묻는다면, 대개는 사람들을 돌보고 도울 수 있기 때문이라는 취지의 대답을 할 것이다. 대답을 더 채근할 경우 그는 "사람들을 사랑하기 때문"이라고 답할 것이다. 이처럼 사랑은 정치적 사안이 아니므로 돌봄 역시 정책상의 질문 대상이 될 수 없으며, 서비스는 한계도 없고 의문을 품을 수도 없는 비정치적 '효용'을 위한 비즈니스가 된다.

이런 분석이 지나치게 상징적으로 보인다면, 미국에서 사회적 서비스라는 말이 정치적으로 사용된 경우들을 살펴보자. 정부가 보험 급여를 지원하는 의료 보장 프로그램이 처음 제출되었을 때, 이 프로그램은 의료시스템에 대한 접근을 확대하고 의료의 수입을 늘려주기 위한 정책으로 묘사되지 않았다. 그것은 메디케어(Medi*care*)로 불렸다.

미국교사연맹(AFT) 대표는 최근 연설에서 수천 명의 미취업 교사들과 교사 양성기관을 졸업한 대규모의 대기인력에 대해 언급한 적이 있다. 그는 사회의 광범위한 영역—미취학아동, 성인, 노년층—에 교육 수요가 있음을 지적함으로써 이 경제적 딜레마를 해결하고자 했다. 이 '수요'에 부응하려면 모든 미국인의 평생학습권을 보장하는 정부 프로그램이 있어야 한다고 주장했던 것이다. 그는 이것을 에듀케어(Edu*care*)라고 불렀다.

미국 로스쿨에 다니는 법학도의 수는 이 나라 모든 현역 변호사의 40퍼센트에 달한다. 최근 한 연구는 미국 변협 대표단에게, 넘쳐나는 이 예비 변호사들이 일거리를 얻고 적절한 수입을 올리도록 하기 위해 할 수 있는 일이 무엇이냐고 설문한 적이 있다. 가장 흔한 응답은 모든 사람에게 법률 서비스를 이용할 권리를 보장하는 공적인 지원 프로그램이 필요하다는 제안이었다. 그런 프로그램을 이구동성으로 지칭하는 말이 바로 주디케어(Judi*care*)였다.

이런 사례들을 볼 때 '돌봄'이란 말은 이미 하나의 유력한 정치적 상징으로 사용되고 있음이 분명하다. 다만 분명히 드러나지 않는 사실은 이 말의 사용이 서비스 제공자들의 정치적 이익을 가리고 있다는 점이다. 이 사실은 돌봄과 사랑의 상징적 연관성으로 인해 더욱 파악이 어렵다. 결과적으로 서비스에 들어 있는 정치적, 경제적 쟁점들은 사랑의 가면 뒤에 감춰져 있는 셈이다.

사실, 가면 뒤에 숨어 있는 것은 서비스 제공자와 서비스 제공 시스템, 그리고 서비스 기술과 기법이다. 즉 가면 뒤에는 시장을 필요로 하는 비즈니스, 새로운 성장 가능성을 찾는 경제, 그리고 수입원을 찾는 전문가들이 있을 뿐이다.

하지만 서비스가 쓰고 있는 이 가면이 거짓 얼굴이 **아님**을 이해하는 것이 중요하다. 서비스 이데올로기가 영향력을 갖는 까닭은, 서비스 제공자들 대부분이 가면과 자신의 진짜 얼굴을 구별하지 못하기 때문이다. 서비스 이데올로기는 위선적이지 **않다**. 왜냐하면 위선이란 원하는 목적을 위해 의도적으로 거짓된 주장을 내세우는 것이기 때문이다. 현대화된 서비스의 공급자들은 자신들이 제공하는 돌봄과 사랑의 가치를 믿는다. 어쩌면 서비스 받는 사람보다 더 믿고 있을지도 모른다. 가면은 얼굴이며,

서비스 이데올로기는 음모가 **아니다**. 음모란 약탈적인 결과물을 얻기 위해 특정 집단이 꾸미는 의사결정이다. 그러나 현대의 서비스 제공자는 유익하다고 생각하는 결과를 얻기 위해 진실한 마음으로 그의 동료들과 협력한다. 가면들은 진짜 얼굴들이다.

그러므로 가면과 얼굴을 구별하기 위해서는 '필요'(needs)라는 또 다른 상징을 살펴보아야 한다. 우리는 사랑을 필요라고 말한다. 돌봄도 필요이며, 서비스도 필요다. 서비스 제공자들은 필요를 충족시켜주는 사람들이다. 국민은 필요의 집합이며, 사회는 필요로 이루어져 있다. 경제는 이 필요들을 충족시키도록 조직되어야 한다. 서비스가 주요 사업인 현대 사회에서는 정치적 현실도 이에 맞춰져 있다. 사회의 중심에 있는 '필요'는 서비스 전문가들과 그들이 내거는 경제성장에 적절한 수입을 올려줄 수 있는 것들이다. 그러나 사랑과 돌봄의 가면은 이런 사실을 숨김으로써 대중으로 하여금 전문가들의 이해관계를 알아차리지 못하도록 만든다. 서비스 경제를 정당화하기 위해 전문가들이 필요를 만들어낸다는 점을 가린다. 메디케어, 에듀케어, 주디케어뿐 아니라 사회적 케어, 심리적 케어에 이르기까지 모든 돌봄이 원래부터 있던 필요를 충족시키기 위한 것인 양 표현된다. 그것들이 사실은 서비스 제공자들과 그들이 떠받치고 있는 경제의 필요를 충족시키기 위한 프로그램이라는 점은 설명되지 않는다.

사랑의 가면을 벗기면 수입을 **필요**로 하는 서비스, 성장을 **필**

요로 하는 경제의 얼굴이 보인다. 이 틀 안에서 고객은 필요의 주체이기보다는 필요의 대상이다. 비즈니스 용어로 말하면 고객은 소비자라기보다는 서비스 시스템의 원자재이며, 경영 용어로는 산출이자 투입이다. 고객의 진짜 역할은 서비스 제공자와 서비스 시스템과 국가경제의 필요를 충족시키는 것이다.

이런 분석에서 비난조의 표현은 적절하지 않다. 어찌 되었든 잘 서비스화된 사회는 원활한 경제를 만들고, 사회 조직의 틀을 제공해주며, 돌봄과 사랑의 윤리적 가치로 동기 부여된 서비스 노동자들을 공급해주기 때문이다. 만약에 이 서비스 시스템이 내세우는 필요들이 정당한 것이라면, 고객을 필요의 주체가 아닌 필요의 대상으로 삼아도 무방할 것이며, 전문가들의 필요를 시민들에게 투사하지 않고도 서비스를 연구, 개발, 제조, 출시하는 비즈니스를 펴나갈 수 있을 것이다. 또한 사랑이라는 탈정치적 가면에서 벗어나 서비스 제공자들의 필요를 정치와 경제상의 사안으로 정직하게 다룰 수도 있을 것이다.

하지만 이러한 정치적 귀결에 수반되는 문제야말로 오늘의 정치 현실을 이루고 있다. 현대화된 사회들을 통틀어 시민들이 난감한 문제 하나를 제기하지 않는 곳이 없다. 그것은 흔한 표현으로 말하면 이렇다.

그토록 많은 자원을 의료에 쏟아 붓고 있는데 왜 우리의 건강은 개선되지 않나요? 그토록 많은 자원을 교육에 쏟아 붓고 있는데 왜 우리 아이들은 배운 게 별반 없어 보이나요? 그토록 많은 자원을 범죄예방 시스템에 쓰고 있는데 왜 이 사회는 정의롭지도 안전하지도 않은가요? 그토록 많은 자원을 정신건강 시스템에 쓰고 있는데 왜 우리에게는 정신 질환이 늘어나고 있나요?

서비스 시스템에 반대하는 새로운 비판자 그룹은 이런 질문들이 그다지 곤혹스러울 것도 없다고 본다. 이들은 반문한다. 우리는 서비스 시스템이 생산하기로 한 것과 정반대 결과를 얻는데 자원을 퍼붓고 있는 것이 아닐까? 의료 분야에서 이런 문제는 의원병(醫原病), 즉 의사로 인해 생기는 병이라 하여 매우 분명하게 정의된다. 그러나 비판자들의 요지는 우리가 더 많은 자원을 들이고도 더 적은 서비스를 받는다는 데 있는 것이 아니다. 그보다는 서비스 시스템이 '생산한다'고 내세우는 것과 정반대되는 결과를 우리가 얻고 있다는 것이다. 이반 일리치의 말을 빌리면, 시스템이 역생산성(counterproductivity)을 낳는 데 문제가 있다는 것이다. 오늘날 우리는 의료의 증가로 인해 더 많은 병을 겪게 된 것이 아닐까? 변호사와 경찰들로 인해 더 많은 불의와 범죄를 겪고 있는 것이 아닐까? 교사와 학교로 인해 더 무지해진 것이 아닐까? 사회복지 전문가들로 인해 더 많은 가족이 해체되고 있는 것이 아닐까?

이전까지만 해도 탈정치적으로 여겨지던 서비스 시스템에 있어 이것은 큰 위협이 되는 문제다. 왜냐하면 돌봄과 사랑의 구현으로 정의되던 서비스가 사실은 정치적 강령에 불과하고, 과거보다 효과가 못한 서비스도 정치적으로 의미가 있으며, 서비스에서 사랑의 가면을 벗겨내고 경제 성장을 위해 자원을 필요로 하는 시스템으로 그것을 인식하는 것이 정치적으로 더 바람직하다는 얘기들과 달리, 서비스 시스템이 도움보다 해악을 더 많이 끼친다는 것—전문 서비스가 인간을 불구화하는 도움으로 변할 수 있다는 것—을 대중이 자각한다면 서비스 경제를 유지하기가 정치적으로 아예 **불가능할** 것이기 때문이다.

이런 역생산성의 위협은 최근 몇 년 사이 서비스 비즈니스의 선도자들도 절감하고 있는 문제이다. 그들은 서비스 시스템의 역생산성에 대처할 새로운 전략을 개발함으로써 이에 대응한다. 그들이 택한 것은 또 다른 전문직들—관리자들—의 기술에 호소하는 것이었다. 서비스 제공 전문가들은 자신들이 유발하는 해악을 통제할 능력이 없지만, 관리 전문가는 현대의 개혁가가 될 수 있다는 것이 그들의 가정이다. 이들이라면 시스템을 잘 통제 지휘함으로써 역생산성을 해소하는 동시에, 정치적 뒷받침을 계속 유지함으로써 서비스 체제의 성장을 지속적으로 도모할 수 있다는 것이다.

새로운 서비스 관리자들은 서비스 시스템을 합리화하기 위해서는 상품생산 부문에서 배운 기법대로 4가지 요소를 조작해야 함을 알고 있다. 예산, 직원, 조직, 기술이 그것이다. 서비스 관리자들은 여기에 맞춰 비용절감 시스템을 수립하고, 직무훈련 체계를 개발하는 한편, 의사전달 체계를 개편하고, 신기술을 도입하느라 바쁘게 움직인다.

이 관리자들 가운데서도 가장 앞서가는 이들은 선진 마케팅 기법을 이용해 제5의 요소를 조작할 수 있는 방법까지 개발했다. 즉 고객을 준비시키는 일이다. 그들은 서비스에 대한 필요가 존재하지 않을 경우에도 필요를 만들어내는 것이 가능함을 알고 있다. 필요에 대한 대중의 생각이 기존 서비스에 맞지 않을 경우에도 사회적 서비스의 관리자들은 선진 마케팅 시스템을 통해 사람들을 서비스에 맞추도록 설득할 수 있는 테크닉을 개발했다.

그렇다면 이 전문적 관리 기법들이 과연 역생산성 효과를 제거하고 서비스 비즈니스를 안정시킬 수 있을까? 현대적 관리 시스템의 능력이 대단한 것은 사실이다. 게다가 서비스가 가진 탈정치적 이데올로기까지 그들을 돕고 있는 까닭에, 서비스 제공자들과 관리자들의 합작이 조만간 현대화된 경제들의 정책을 이끄는 불가항력적 힘이 되리라는 것은 충분히 예견할 만한 사실이다.

하지만 이와 다른 견해도 있다. 이 불가항력적 힘—모든 서비스 폐해의 조정마저 국가 관료에 위임하려는 새 이데올로기—에 맞서는 평형추, 실로 요지부동의 실체가 있을 수 있다는 관점이다. 아마도 그런 실체는 행위의 대상이 아니라 행위의 주체이기를 원하는 인간 본성의 필연성에서 찾을 수 있을 것이다. 아무리 잘 관리되는 서비스 시스템이라 해도 전문 서비스가 인간을 불구화한다는 사실을 자각한 대중을 이겨낼 수 없다는 생각은 바로 이런 인간적 당위에서 나온다.

이제 이 글에서 남은 부분은 현대의 서비스 시스템이 인간을 어떻게 불구화하는지 확인하고, '고객 만들기'라는 불가항력적 힘과 '시민의 행동'이라는 요지부동의 실체가 맞부딪힐 때 어떤 정치적 결과가 나오는지 검토하는 것이다.

필요에 대한 전문가 사회의 가정

인간을 불구화하는 효과로는 세 가지가 있는데, 이것들은 모두 '필요'에 대한 전문가적 가정으로부터 만들어진다.

첫 번째는 필요를 결핍(deficiency)으로 해석하는 것이다. 필요는 누군가 가진 하나의 조건, 욕구, 권리, 의무 등으로 이해할 수 있으며, 헛된 꿈이나 해결할 수 없는 문제로 이해할 수도 있다. 그러나 전문가적 관행에서는 시종일관 타인이 가진 불행한 부재(absence)나 결여(emptiness)로 정의된다.

물이 절반만 차 있는 유리잔을 표현해보라는 수수께끼 게임이 기억날 것이다. 절반이 차 있는 것일까, 절반이 비어 있는 것일까? 현대 전문가주의의 기본 기능은 자기 이웃을 절반이 비어 있는 사람들로 보는 능력자들을 키우는 데 있다. 전문가적 연구란 것도 유리잔의 주둥이를 더 잡아늘여서 잔이 절대로 차지 않도록 하는 일에 매진하는 것을 말한다. 심지어는 자신들이 제공하는 '효율적 서비스'로도 잔이 차는 일이 없도록 말이다.

다수의 사람들이 전문화된 '돕기'로 수입을 올리고 그렇게 제공된 서비스를 GNP로 계상하는 서비스 경제에서, 국가에 필요한 것은 결핍의 **공급**이 늘어나는 것이다. 따라서 결핍으로 정의되는 필요를 충족시키는 것이 목표인 사회는 '필요가 필요한 경제'라고 이해하는 것이 더 정확할 것이다. 서로에게서 결핍을 찾아내는 일에서 수입을 얻는 이웃들로 이뤄진 사회는 우스꽝스런 기형을 면할 길이 없다. 이런 이웃들이 제대로 된 공동체로서 기능하지 못함은 정치적으로 당연한 결과다. 이런 공동체는 해결 가능한 문제들을 알아볼 능력도, 그것을 풀 능력도 없다.

필요에 대한 전문가적 정의가 낳는, 인간을 불구화하는 **두 번째** 효과는 결핍의 소재를 고객 **개인에게** 두는 전문가적 관행에서 볼 수 있다. 현대의 전문가들 대다수는 개인의 문제가 사회적, 경제적, 정치적 맥락에서 발생한다는 데 동의하면서도, 막상 치료에 들어가서는 개인을 맥락으로부터 떼어내는 공통점을 보인다. 이런 개인화 효과는 전문가들 자신이 가진 맥락상의 이해마저 왜곡시킨다. 필요를 이처럼 개인적 사안으로 해석하는 까닭은 전문가들이 가진 치료 도구와 기술이 대체로 개체화된 상호 작용들을 겨냥한 것이기 때문이다. 문제가 도구를 정의하는 게 아니라, 도구가 문제를 정의하는 셈이다.

국가 보호시설 아동들에 대한 최근의 연구는 이런 과정의 전형적인 예를 보여준다. 아이들을 법적으로 가족에서 떼어낼 수 있는 근거는 부모가 아이들에게 적절한 돌봄을 제공할 수 없다는 판정이 내려졌기 때문이다. 이렇게 하여 아이들은 전문 서비스기관에 맡겨진다. 그러나 전문가들이 작성한 처우기록 대부분은 이 아이들을 문제아로 묘사한다. 이와 달리 아이들을 집에서 데려오는 임무를 맡은 공무원들은 가족의 경제적 빈곤을 공통된 이유로 들고 있는데, 이는 실로 정확한 판단이다. 이 아이들에게 빈곤에 대처할 자원이 전혀 없다는 것은 분명하다. 반면에 전문화된 제도적 서비스에 쓰이는 자원은 충분하다. 즉 서비스 시스템은 사회 문제를 개인의 문제로 정의하는 방식을 제도적으로 채택함으로써 경제상의 필요에 부응하고 있다는 얘기다. 여기서 빚어지는 부작용은, 전문적인 돌봄 서비스가 막대한 자원을 소비하는 바람에 이들 가족의 빈곤이 더욱 심화된다는 점이다. 역생산성의 개념으로 보자면, 서비스 제공 시스템이 오히려 결손가정을 '생산'하고 있는 셈이다.

그러나 필요를 개인화하고 치료 대상화하는 이런 정의는 일부 '해방' 운동들에서 방해세력을 만나고 있다. 민권운동과 여성해방운동이 그런 사례들이다. 이 운동들은 여성이나 소수자들에게 그들이 결코 결핍된 인간이 아님을 설득하는 중요한 이데올로기적 기능을 한다. 또한 개인화된 전문 서비스를 받아야만 필요가 충족될 것처럼 말하는 시스템에 의존해야 하는 존재가 아니라고 설득한다. 이 운동들은 우리들 개인이 가진 역량과 공동행동을 역설함으로써 전문화된 서비스의 이데올로기가 퍼뜨려온 생각, 즉 개인화된 결핍의 문제에 경도된 '의식'을 극복하기 위해 분투한다.

필요에 대한 전문가적 정의가 낳는, 인간을 불구화하는 **세 번째** 효과는 특화(specialization)다. 특화는 선진화된 기술 시스템의 주요 '생산품'이기도 하다. 우리 모두는 이 과정에서 고도로 분화되고 복잡하게 얽힌 서비스 시스템이 만들어진다는 사실을 알고 있다. 이 시스템은 서비스 관리자들에게 시스템 재편성이라는 거창한 일거리를 제공해주며, 시스템 정비에 막대한 인력과 재정을 쓰는 것을 정당화해준다. 나아가 서비스 부문이 커져야 경제 성장도 가능하다는 명분을 내세워 정치적인 허용 기준까지 바꾸어버린다.

그런데 여기서 덜 알려져 있는 사실은 이 시스템이 시민들에게 자신의 거울상(像)을 강요한다는 점이다. 시스템이 여러 관리 부품들의 집합이듯이, 고객 또한 제각기 다른 서비스 정비사들이 관리하는 부품들의 집합으로 이해될 수밖에 없고 그렇게 처리된다. 이 복잡한 서비스 시스템은 음식점 테이블에 흔히 깔려 있는 식탁 매트를 생각나게 한다. 암소 한 마리를 스테이크, 구이요리, 갈비, 그리고 혀 부위 등으로 나누어 보여주는 매트 말이다.

매트의 암소 그림처럼 서비스에 대한 전문화된 정의는 갈수록 사람들의 필요를 토막토막 쪼갠다. 우리는 우리 발굽을 치료할 족부(足部) 전문의가 필요하며, 눈, 귀, 코, 목구멍을 각기 다룰 처치사가 필요하다. 심리적 문제, 결혼, 자녀와의 관계 등 가장 은밀하고 개인적인 활동들마저 서로 상관없는 잡동사니 조각들로 분리된다.

현대의 전문가들은 또한 시간상으로 우리의 삶을 자르고 이어 맞추기도 한다. 서비스 전문가들은 우리가 나이에 따라 정해져 있는 필요들을 차례로 거치면서 산다고 설득한다. '인간의 일곱 나이'[1]라는 과거의 표현처럼 모든 사람은 유아기에서 죽음에 이르기까지 일곱 번의 생애 위기를 거친다고 하면서, 각 시기마다 전문가의 도움이 필요하다고 말한다. 엘리자베스 퀴블러-로스(Elizabeth Kubler-Ross)는 죽음의 다섯 단계를 제시함으로써 이 과정을 더 세분했다. 임종의 1단계, 2단계 하는 식으로 각 단계마다 새로운 조력자가 필요한 이유를 제공했다. 이들 임종 치료사들에 이어 전문 연구자들은 왜 어떤 사람들은 임종의 2단계나

---

1 the seven ages of man. 셰익스피어가 처음 쓴 표현으로, 유아기 · 아동기 · 연애기 · 군인기 · 법관기 · 노년기 · 고령기의 일곱 시기를 말한다. —편집자 주.

3단계를 건너뛰는지에 대해서 또 세분화된 이유를 제시하려고 할 것이다.

필요를 개인화하는 것이 사람들을 사회적 맥락으로부터 떼어내어 불구화하는 일이라면, 개인을 다시 구획으로 나누는 것은 개인적 행동을 위한 가능성마저 제거해버리는 일이다. 이렇게 하여 사람들은 때마다 장소마다 뭔가를 필요로 하는 조각들의 집합이 된다. 원컨대, 이 조각들이 다시 합체되어 하나의 인간 단위를 이룰 수 있기만을 바랄 뿐이다. 자신의 정비(整備) 비용을 감당할 수 있을 정도의 능력만이라도 남아 있기를 기도할 뿐이다.

지금까지의 논지는 한 문장으로 요약할 수 있을 것이다. 전문화된 서비스는 필요를 결핍으로 정의하며, 그와 동시에 그런 **결핍**을 가진 존재들을 **개별화**하고 **구획화**한다. 즉 서비스 시스템은 고객에게 세 가지 명제를 제시하고 있는 셈이다.

당신은 결핍된 존재이다.
그러므로 문제는 당신이다.
또한 당신은 그런 문제들의 집합이다.

이 명제들을 서비스 시스템의 이익과 **필요**의 관점에서 다시 쓰면 이러하다.

우리에게는 결핍이 *필요하다.*

우리에게 *필요한* 경제 단위는 개인이다.

우리에게 *필요한* 생산성 높은 경제 단위는 다방면의 결핍을 가진 개인이다.

필요의 치료에 대한 전문가 사회의 가정

필요에 대한 이상의 전문가적 정의는 그 논리적이고 필연적인 결과로서 치료의 측면에서도 인간을 불구화하는 효과들을 가진 일련의 가정들을 만들어낸다.

첫 번째 가정은 필요를 개인 문제로 보는 정의를 똑같이 반영한다. 문제가 **당신 개인**이듯이 해답은 전문화된 서비스의 제공자인 **내게** 있다는 것이 그 가정이다. **당신**은 해답이 아니며, **당신의 동료**들도 해답이 아니다. **정치적, 사회적, 경제적 환경**은 해답이 아니다. 그렇다고 해서 해답이 없는 것은 아니다. 전문가인 내가 해답인 것이다. 여기에 숨어 있는 가장 핵심적인 가정은 서비스가 일방적 과정이라는 점이다. 나, 전문가가 생산한다. 당신, 고객은 소비한다.

물론 전문 서비스가 가진 일방적 성격을 숨기기 위해 세심한 서비스 제공자들은 전문화된 대응 수단들도 개발해 두었다. 그것들은 고객 지향 서비스, 그룹 지향 서비스, 계층 지향 서비스라고 불리며, 나아가 공동체 지향적 서비스라고도 표현된다. 이 수사적 장치들은 서비스가 지닌 관계의 일방성을 부정할 **필요**가 있는 서비스 제공자들이 자신들의 불안감을 떨치기 위해 활용하는 상징적 수단이라 할 수 있다.

전문가들도 종종 인도적일 수 있기에 자신의 역할에 대해 민주적인 정의를 찾고 싶어 하는 것은 당연하다. 하지만 그들에 대한 비용이 호주머니에서 직접 나오든 세금에서 나오든, 그것을 치르는 쪽은 고객이라는 사실을 뛰어넘는 쌍방향적 요소를 찾기란 이들에게 어려운 일이다. '고객과 연루되는 것'이야말로 '전문가답지 못한 행동'이라는 기본 정의가 있기 때문이다. 전문가가 된다는 것은 거리를 두는 것, 다시 말해서 서비스를 받는 쪽이 **진정** 누구인가를 고객이 명심하도록 관계의 정의를 확실히 해두는 것이기도 하다.

전문가가 일방적으로 제공하는 도움은 민주주의의 허울을 쓰고 있지만 결국 고객을 불구화하는 기능을 한다. 거기에는 "당신은 나아질 거야. 왜냐하면 전문가인 내가 잘 아니까"라는 가정이 숨어 있다.

이런 가정이 갖는 정치적 함의는 반민주적 체제들에서 매우 중요하게 작용한다. 전문 서비스의 일방적 공급에 경제를 의존하고 있는 사회에서는, 반민주적인 지도자를 받아들이도록 사람들을 체계적으로 준비시키는 일이 훨씬 용이하게 마련이다. 그런 지도자는 전문가나 전문화된 조력자들이 심어놓은 의존성에 쉽게 편승할 수 있다. "당신들은 나아질 거야. 전문 조력자인 우리들이 잘 알고 있으니까"라는 전문가들의 말에 사람들이 잘 학습되어 있기 때문이다.

치료에 대한 전문가적 가정이 지닌, 인간을 불구화하는 **두 번째** 특징은 치료가 필요를 정의한다는 것이다. 전문 서비스 시스템이 더 우아하고 더 거창한 서비스 기술들을 내놓을 때마다 이 기술들은 그것을 사용해야 한다는 당위적 명령도 함께 내놓는다.

하지만 이토록 아름답고 세련되고 복잡한 전문 도구와 기술에도 문제점이 있으니, 그 '이점'을 대중들이 쉽게 파악하지 못한다는 것이다. 따라서 우리는 이런 도구와 기술의 사용을 납득시키기 위한 내적 논리와 공적 마케팅 시스템을 개발하고 있는 전문가들도 흔히 볼 수 있다. 이들은 고객 스스로는 무엇이 필요한지 이해하지 못한다는 전제 위에서 일한다. 그러므로 고객이 전문가적 치료의 이점을 누리고자 한다면, 그는 전문가들만이 그의 필요를 알고 있을 뿐 아니라 그 필요를 어떻게 충족시킬지 알고 있다는 점을 먼저 인정해야만 한다.

이렇게 하여 복잡한 전문적 치료 도구들은 필요를 정의하는 전문가들의 권한을 더욱 정당화해준다. 적절한 치료법뿐만 아니라 문제 자체에 대한 정의를 내릴 권한까지 전문가들에게 부여해주는 것이다. 전문가들은 결핍을 다루기 위해서는 무엇이 결핍

되었는지 결정할 수 있는 특권을 가져야 한다고 더욱 믿고 있다.

물음을 정의하는 권리보다 더 큰 권력은 없는 법이다. 이 권리로부터 필요한 답들도 흘러나온다. 무엇이 적절한 물음인지 정의할 권리를 서비스 제공자가 효과적으로 쥐고 있다면, 그는 이웃의 필요를 충족시키기에 앞서 그것을 결정하는 권력을 가지고 있는 셈이다. 이 권력은 전문가로 하여금 자신의 빛나는 치료법을 마음껏 쓸 수 있게 해주는 동시에, 다른 시민들을 문제가 있는지 없는지조차—무엇을 해야 할지는 말할 것도 없고—이해하지 못하는 사람들로 규정해버린다.

현대화된 사회들은 지금 필요를 정의하려는 연구들로 가득 차 있다. 전문가들은 최근 아동학대, 학습장애, 그리고 격리성 외상(removal trauma) 등으로 불리는, 도구 사용과 관련된 필요들을 새로 **발견**했다. (격리성 외상이란 정신적 외상을 줄 것으로 추정되는 가족으로부터 격리시켰기 때문에 외상을 겪게 된 아이들을 치료할 '필요'가 있다고 해서 붙인 병명이다.) 미국의 사회학자 브리짓 버거(Brigitte Berger)는 최근 글에서, 일거리가 없는 피부과 전문의들이 대머리를 질병으로 선언할 것이기 때문에 대머리는 조만간 질병으로 정의될 것이라고 예견한 바 있다. 미국의 한 유명 병원이 개발한 진단 프로그램은 이런 과정을 제도화한 궁극적 사례라 할 수 있다. 이 프로그램은 아무런 이상도 느끼지 못하는 사람들에게 그들이 문제임을 발견할 수 있는 기회를 값비싼 비용으로 제공한다. 새 도구가 가진 필요를 만족시키기 위해서 말이다.

문제를 정의하는 능력이 전문가들만의 특권이 되면 시민은 더 이상 존재할 수가 없다. 이 특권은 문제를 정의하는 주체로서의 시민을 제거하며, 문제 해결자로서의 시민은 더 말할 것도 없다. 이런 특권은 정치의 기능을 기법과 기술상의 문제들로 치환해버린다.

서비스 전문가가 치료와 필요를 정의하는 일이 가능해지면, 인간을 불구화하는 **세 번째** 치료 관행이 펼쳐진다. 문제와 해결책을 시민들이 이해할 수 없는 언어로 암호화하는 것이 그것이다.

당신이 과연 문제를 가지고 있는지, 그리고 그것을 어떻게 처리할지 스스로 결정할 수 없다면, 그것만으로도 분명 당신은 무능력해지는 효과가 생긴다. 그러나 전문가들의 임무는 여기서 그치지 않는다. 당신이 문제든 해결책이든 모두 이해하지 못한다는 것을 증명함으로써 딜레마를 더욱 조장하는 것이다. 현대화된 전문 서비스들이 사용하는 언어는 문제와 해결책 모두를 신비화함으로써 시민들의 평가를 불가능하게 만들어버린다. 서비스 과정이 과연 우리에게 득이 되는지 안 되는지 결정할 '능력'이 있는 사람은 오로지 전문가들뿐이다. 그리고 이들은 동료의 기본 가정들이 옳다고 서로 확인해준다.

서비스 제공자들 간에도 관할 영역을 놓고 흥미로운 분란이 벌어지긴 하지만, 이런 갈등이 규칙을 어기는 일은 거의 없다.

즉 문제와 해결책을 이해하는 사람은 오직 전문가들뿐이라는 규칙 말이다. 내부 분란이라고 해봐야 전문가들 중 누가 지배적 위치를 차지할지를 두고 벌이는 권력 다툼일 뿐이다. 그러나 전문가 지배라는 규칙 자체를 어기는 전문가가 있다면, 그는 모든 참여자들로부터 낙인이 찍힐 것이며 성공의 사다리에서 발 디딜 자리를 잃을 것이다. 이처럼 전문가 권력의 정치학은 동업자들의 평판이라는 울타리 안에서만 이루어진다. 시민의 역량을 지원하고 시민의 요구에 따라 자신의 전문 영역을 이해 가능한 직무로 통역해주는 전문 직업인이 있다면, 그는 현대판 이단자 취급을 받을 것이다.

전문가들의 암호 사용이 가져오는, 인간을 불구화하는 가장 치명적 효과는 원인과 결과를 파악하는 시민의 능력을 훼손한다는 것이다. 어떤 것이 질문이고 어떤 것이 답인지, 다시 말해서 무엇이 '필요'이고 '치료'인지 이해할 수 없다면, 그 사람은 전문가 시스템의 관용에 기대어 살아갈 수밖에 없게 된다. 나의 세계는 더 이상 나 스스로 다른 이들과 함께하거나 더불어 활동하는 장소가 아니다. 그곳은 불가사의한 장소, 나의 이해나 통제가 미치지 않는 낯선 땅일 뿐이다. 나의 세계는 오로지 전문가들만이 이해하는 곳이다. 그들만이 이 세계가 **어떻게** 돌아가고, 내가 **무엇**을 필요로 하며, 나의 필요가 **어떻게** 충족될 수 있는지 안다. 나의 진짜 존재는 시민이 아니라 고객이다. 나의 삶, 우리 사회는 정치적 실체이기보다는 기술적 문제들에 불과한 것이 된다.

서비스 전문가들이 치료와 필요를 일방적으로 정의하고 서비스 과정을 암호로 만드는 권력을 쥐고 나면, 이제 인간을 불구화하는 **네 번째** 특성이 모습을 드러낸다. 그것은 결과에 대한 자신들의 만족도에 따라 서비스 성과를 측정하는 전문가들의 능력이다. 이 네 번째 능력은 시민들 전체가 명백하게 **심각한** 중독자로 탈바꿈하는 바로 그 순간 서비스 전문가들에게서 나타난다.

전문가들은 그들의 '도움'이 효과적인지 아닌지 결정할 수 있는 권한을 갈수록 더 요구하고 있다. 어떤 서비스 성과가 의미있고 소중하고 높이 평가받는다면, 그것은 전문가가 자신의 효용에 대해 내린 자산평가이기 때문이다. 여기서 고객은 자신이 과연 도움을 받았는지조차 알지 못하는 결함을 가진 인간으로 취급된다.

그러나 현재 발전 중에 있는 이 전문가적 가정은 소비자 운동이라는 경쟁자를 만나고 있다. 소비자 운동은 불구화된 시민들이 벌이는 최후의 용감한 저항처럼 보인다. 이 운동은 전문화된 서비스의 효과 내지 '성과'를 평가할 수 있는 최종적 권리를 요구한다. 이 운동의 기본 가정은, 시민들이야말로 가장 유력한 소비 집단이기에 그럴 수 있다는 것이다. 하지만 이런 가정에서도 소비자 운동은 서비스화된 사회의 몸종 노릇을 할 뿐이다. 이 운동 역시 암암리에 서비스 이데올로기를 받아들이고 있기 때문이다. 시민들은 소비할 때 존재한다. 시민 복지는 공정하고 효과적인 소비가 이루어지고 있느냐에 따라 정의된다. 서비스 시스템은 이미 주어져 있는 선(善)이고, 시민의 역할은 단지 그 성과를 평가하는 데 있을 뿐이다. 시민들은 여전히 서비스 시스템을 이해하지 못하고 있음에도, 소비자 운동은 시스템의 성과가 도움이 되는지 해가 되는지 잘 알고 있다는 듯이 가정한다.

전문적으로 관리되는 서비스 시스템들은 지금 시민들을 소비자라는 자투리 역할로서만 다룬다. 그 결과 전문가들은 서비스 성과에 대한 소비자 인식을 조작하는 데 더욱 관심을 기울이고 있다. 토머스 듀어(Thomas Dewar)는 「고객의 전문화」(The Professionalization of the Client)라는 논문에서 서비스 시스템들이 어떻게 시민을 훈련시키고 있는지 기술한 바 있다. 즉 시민들의 만족은 문제를 해결하는 데서 오기보다 유능한 고객이 되는 데서 온다는 것을 끊임없이 이해시키려 한다는 것이다.

이 과정의 전형적 사례가 학교다. 다른 서비스 시스템들과 달리 학교는 고객이 해야 할 역할에 대해 좀 더 솔직한 제도적 정의를 내린다. 학생 즉 학교의 고객은 교사를 얼마나 만족시킬 수 있는가 하는 견지에서 능력을 평가받는다. 즉 시스템의 성과란 것이 바로 고객의 품행과 성적에 대한 전문가의 승인에 달려 있음을 명시적으로 내걸고 있는 것이다.

이제 전문가들의 책무는 이런 학교 이데올로기를 보편화하여 유능한 고객되기의 가치를 전하는 것이다. 현대의 전문가 서비스는 이처럼 고객 스스로가 내리는 '성과' 측정은 거부하면서도, 유능한 고객이 됨으로써 얻는 가치야말로 시스템의 효용을 입증하는 증거라고 더욱 강변하고 있다. 그러나 이처럼 유능한 고객되기가 사회의 중추적 가치가 된다면, 우리가 알고 있는 소비자운동 역시 결국은 질식하여 사라지고 말 것이다.

서비스 이데올로기는 시민들이 스스로를 믿지 못할 때 정점에 이를 것이다. 자신에게 필요가 있는지 없는지 결정할 능력이 없다고 믿을 때, 치료법이 무엇인지 알아낼 능력이 없다고 믿을 때, 필요의 충족 내지 처방이라 부르는 과정을 이해할 수 없다고 믿을 때, 그리고 전문가들이 만족을 표하지 않으면 필요가 충족되었는지조차 알 수 없다고 믿을 때, 서비스 이데올로기는 정상에 오를 것이다. 서비스 사회의 완성을 알리는 최후의 신호는 전문가가 "당신이 해낸 일이 정말 마음에 드네요"라고 말할 때일 것이다. 시민권의 죽음은 그 말에 대해 "고마워요"라고 대답하는 것이다.

전문가들이 시민들에게 이렇게 얘기할 때, 우리는 서비스 사회의 정점에 도달해 있는 것이다.

우리는 당신의 문제에 대한 해결책이다.

우리는 당신이 어떤 문제를 가졌는지 알고 있다.

당신은 문제나 해결책을 이해할 수 없다.

오직 우리만이 어떠한 해결책으로 당신의 문제를 처리할 수 있는지 결정할 수 있다.

역으로, 전문 서비스 시스템의 필요라는 관점에서 이 명제를 표현하면 이러하다.

우리는 당신의 문제를 해결할 *필요*가 있다.

우리는 당신의 문제가 무엇인지 말해줄 *필요*가 있다.

우리는 우리의 관점에서 그 문제들을 다룰 *필요*가 있다.

우리는 우리가 거둔 성과에 대한 우리 자신의 평가를 당신이 존중하도록 만들 *필요*가 있다.

서비스 이데올로기의 이해

현대 사회의 가장 중요한 연구 주제는 서비스 제공자들과 이 시스템의 정비사들이 가진 **필요**를 이해하는 일이다. 이 시스템들은 확실히 중요하다. 그들은 다수 사람들에게 수입을 가져다준다. 그들은 국가 경제를 떠받친다. 그러나 돈과 인력의 대범한 투자에도 불구하고 그들이 목표를 달성하는 데 시종일관 실패하고 있다는 사실은 더 이상 비밀이 아니다. 그들은 '서비스'를 생산하고 있다기보다 좌절한 전문가들만을 만들어내고 있는 것이 분명하다. 이 전문가들은 자신들이 베푸는 사랑과 돌봄의 서비스가 왜 사회를 개선하지 못하는지, 그리고 왜 개인들이 제 기능을 하도록 돕지 못하는지 이해하지 못하기 때문에 좌절할 수밖에 없다.

따라서 우리는 서비스 제공자들의 필요를 연구하는 데 더 심혈을 기울여야 한다. 어쨌든 그들은 현대 사회에서 점점 더 많은 고용 인구를 차지하고 있고, 지원과 관심과 돌봄을 **필요**로 하는 슬프고 소외된 계층의 사람들이 되어가고 있기 때문이다. 현대 사회에 **필요**한 것은 어떻게 우리가 이들 서비스 전문가들을 도울 수 있는지 규명하는 일이다. 그와 동시에 시민들의 능력을 불구로 만드는 이들의 권력을 어떻게 제한할 수 있는지 규명하는 일이다. 정치적 관점으로 쟁점을 인식하고 다룰 수 있는 시민적 능력을 회복하려면 말이다. 전문가들의 권력을 제한하기가 어렵다면 최소한 그것의 정치적 영향력만이라도 이해해야 한다. 필요와 치료에 대한 전문가적 정의가 어떻게 우리를 불구로 만드는지에 대해서라도 알아두어야 한다.

전문화된 서비스는 우리의 삶과 우리 사회를 일련의 기술적 문제들로 보는 세계관을 유포한다. 이런 기술주의적 정의는 돌봄과 사랑의 상징을 가면으로 쓰고 있는 까닭에, 서비스 제공자들의 경제적 이익과 인간을 불구화하는 그들의 직업적 특성을 알아차리기 어렵게 한다.

시민을 불구화하는 이런 특성은 한 가지 이데올로기로 수렴된다. 즉 시민을 고객으로 바꾸어버리고, 공동체를 결핍된 개인들의 집단으로 떨어뜨리며, 정치를 전문가들끼리의 자족적 논쟁으로 만들어버리는 이데올로기다. 이제 정치란 GNP에서 어떤 서비스가 더 큰 비중을 차지해야 하는지를 두고 다투는 일에 지나지 않는다.

지금까지 우리가 해온 분석은 전문가 서비스를 개혁하자는 주장을 하기 위한 것이 아니다. 이 분석이 보여주려는 것은, 인간을 불구화하는 효과들이 현대화된 전문 서비스의 본질적 특징을 이루고 있다는 점이다. 설령 이 효과들이 뭔가 제공하는 이익이 있다 하더라도, 그런 이익은 이 시스템이 태생적으로 인간을 불구화하는 효과를 가진 자기 본위적 시스템이라는 것을 인식한 연후에야 제대로 평가될 수 있다는 것이다. 이런 인식 틀 안에서만 시민에 대한 정치적 정의도 복원될 수 있다. 전문 서비스가 태생적으로 지닌 인간을 불구화하는 효과는, 그것이 가져오는 이익과 대비해서만 평가될 수 있으며 서로 상쇄될 수 있다. 그리하여 태생적인 불구화 효과를 보상하고도 남음이 있는 서비스 혜택들이 있다면, 그것들을 선별적으로 채택하는 정책을 개발할 수 있을 것이다.

그렇게 되기 전까지 현대 사회의 정치는 서비스 비즈니스의 불가항력적 힘과 시민들이 만들어낸 요지부동의 실체 사이의 충돌이 될 것이다. 사랑의 가면을 쓴 특권적인 서비스 전문가들의 돌봄이 어떻게 인간을 불구화하는지 시민들은 이미 경험해왔기 때문이다.

4장

변호사와 사법 독점

조너선 캐플런

조너선 캐플런 Jonathan Caplan

1951년 출생. 캠브리지 대학 다우닝 칼리지에서 법학을 공부한 후, 런던 그레이스인(Gray's Inn) 법학원을 졸업했다. BBC 미국 지사에서 일하면서 여러 신문과 정기간행물의 기고자로 법률 관련 글을 써왔다. 현재는 개업 변호사로 일하면서 크리스토퍼 프라이스와 공저로 『콘페이트 사건의 자백』(*The Confait Confessions*)을 출판하기도 했다.

독점을 수립하는 가장 쉬운 방법은 비전문가가 이해할 수 없는 언어와 절차를 고안하는 것이다. 이런 복잡성의 환영—그 클라이맥스는 모자에서 튀어나오는 토끼처럼 단순성을 시현하는 것이다—은 과거에 무수히 많은 돌팔이 의사들이 사용하던 기술이었다. 많은 점에서 그것은 법률 분야의 지체 높은 전문가들이 예부터 활용해온 기술이기도 하다.

독점의 외연은 경외감을 불러일으킬 정도로 넓다. 우리는 그 어떤 선출직 행정가에게도 부여하지 않았던 크나큰 권력을 전문가 집단에게 넘겨왔다. 우리는 아무런 의심 없이 부지불식간에 이런 일을 해왔으며, 지금도 여전히 감시나 견제는 물론 균형조차 반대급부로 요구하지 않는다. 독점은 상상할 수 있는 모든 면에서 우리의 일상생활을 좌우한다. 그것은 우리의 교육, 우리의 인간관계, 심지어 우리의 도덕까지 설정한다. 특히 변호사들에 대한 이런 권력 양도는 법에 대한 우리의 존중 때문에 무사통과되곤 했다.

법은 실정적(實定的)인 것이고 인간이 만든 것이기는 하나, 미국 대법원 판사를 지낸 서먼 아놀드(Thurman Arnold)의 말을 빌리면 "정서적으로 중요한 사회적 상징들의 거대한 수장고"이기도 하다. 법은 이 사회에서 수평화 장치(leveler)로 기능한다. 법 앞에서 만인은 평등하며 누구라도 정의를 추구할 수 있다. 인간 행동에 대한 법의 규제—물론 재가를 받아 집행되는 규제—는 질서정연한 문명과 무정부 상태를 나누는 유일한 방벽이다.

법에 대한 이런 존중은 불가피하게 법률 업무에 종사하는 이들에게도 어느 정도의 권력을 부여한다. 이제 인간 제반사의 관리는 가장 틀에 박힌 일상사까지도 변호사들에게 확고히 장악되었다. 인생의 이정표를 이루는 일들—집을 구입하거나 이혼하거나 유언장을 작성하는 일 따위—마다 변호사를 방문해서 의식을 거행하는 것이 관례가 되었다. 우리는 마치 교회와 함께 변호사에게도 축성(祝聖)을 의뢰하도록 교육받기라도 한 듯하다. 일을 그르치지 않으려면 변호사가 꼭 필요하다는 생각은 이제 통념이 되었다.

법이 필요하다는 가정은 변호사가 필요하다는 가정으로 무비판적으로 이어져왔다. 국가의 법률 구조(救助)와 우후죽순처럼 늘어가는 로펌 및 법률상담센터는 계층을 막론하고 누구나 변호사에게 의지하는 것을 가능하게 만들었다. 법률 조력은 병원의 도움만큼이나 중요하게 여겨지고 있으며, 나의 권리에 대한 전문가적 판단은 의료 검진과 비교해 결코 중요성이 덜하지 않다고 생각되고 있다.

법률 조력을 받는 일은 강박관념이 되었고 강박관념은 미신이 되었다. "변호사가 부동산 양도수속을 해주지 않으면 집은 결국 내 것이 되지 못할 거야." "변호사가 서류를 대리 작성해주지 않으면 돈을 전혀 못 받게 될지도 몰라." 이런 미신은 국가와 시민상담소의 독려에 힘입어 빠르게 수익성 높은 독점 사업이 되었고, 이런 독점은 모든 법적 영역에서 아무런 의심 없이 통과되었다. 예컨대 영국에서는 1957년 사무전문변호사 법(Solicitors Act, 일종의 법무사법)이 통과되어 부동산 양도수속이나 유언장 작성 등에서 법률상 자격이 없는 경쟁자들을 효과적으로 막아낼 수 있게 되었다.

나아가 변호사들의 역할은 새로운 영역을 끊임없이 잠식해가고 있다. 전문 서비스업에 속하는 변호사들이 그토록 오랫동안 감시를 면했다는 것은 주목할 만한 부분이다. 법적 자력구제(do-it-yourself) 운동이나 변호사 업무조사 위원회 등의 움직임이 생겨난 것은 비교적 최근의 일이다. 하지만 그런 움직임이 있다 하더라도, 그것이 전문직이 지닌 영향력의 뿌리를 실제로 파헤쳐 보여주는 것은 아니다.

제약받지 않는 역할

변호사들을 겨냥한 가장 흔한 공격은 마르크스주의에서 기원을 찾을 수 있다. 그 논지는 이러하다. 소유에 대한 통제는 자원과 인간에 대한 통제로 이어지게 마련인데, 변호사들은 소유에 대한 그들의 개념 즉 재산권이나 소유 학설 등을 수단으로 삼아 현 상황을 단단하게 고착시키고 사회 변혁에 맞서는 강력한 힘으로서 기능한다는 것이다.

이런 정치적 비판은 확실히 변호사들 때문에 나온 것이지만, 그들의 역할을 착각한 데서 기인한 것이기도 하다. 변호사의 역할이 무엇이든 간에 그 성격상 법을 제정하는 역할이라고 할 수는 없기 때문이다. 사회 변화를 도모하는 것은 민주적 의회 내의 입법자들이 하는 일이지 변호사들 개인이 내킨다고 할 수 있는 일은 아니다.

하지만 이 마르크스주의적 오류는 문제점을 분명히 드러내준다. 변호사의 역할에 대한 정의가 전혀 시도된 적이 없고 그런 문제 제기에 실패했다는 것은 그만큼 변호사들이 행동반경이나 영역을 마음대로 넓혀가는 데 아무런 방해도 받지 않았다는 얘기이기 때문이다. 인간의 새로운 활동 분야나 관심 분야가 상업적 가망성이 있는 사업으로 자리 잡으면, 그 즉시 변호사들은 해당 분야에서 자기들의 역할을 확보하고 전문성을 과시하기 위해 접근한다. 아주 최근에는 노사관계(사법 절차와는 전혀 어울리지 않는)와 남녀평등 문제에서 이런 일이 일어난 바 있다.

변호사들이 인간 제반사를 관리해야 한다는 주장의 하이라이트는 영국 대법관을 지낸 맥밀런 경(Lord Macmillan, H. P. M.)이 쓴 글 「변호의 윤리」(The Ethics of Advocacy, 1937)에 잘 표현되어 있다.

> 법률 지식, 사실을 논리정연하게 제시하는 기술, 설득력 있는 법리 다툼, 그리고 공정하고 절제력 있는 논박 능력을 가진 훈련된 변호사 계층의 존재는 필수불가결하다.

우리는 소비재나 상업적 서비스의 판촉 활동을 일상적으로 접하는 탓에 강매성 광고에 익숙해 있으며, 끝도 없는 선택의 폭을 좁히기 위해서라도 그런 광고에 의존하곤 한다. 아마 부분적으로는 바로 이런 이유 때문에 다른 맥락—여기서는 법률 서비스—에서도 그와 같은 진술을 쉽게 받아들이는지 모르겠다. 우리는 변호사들이 필수불가결하다는 말을 자주 듣곤 하며, 변호사들이 하는 일을 분명히 알지 못하기에 그 말을 쉽사리 받아들인다.

하지만 통조림 광고와 변호사 사이에는 큰 차이가 있다. 우리는 변호사가 어느 때 필요한지, 그리고 과연 필요하기나 한 것인지 언제나 알고 있는 것은 아니며, 변호사 업무란 것도 상당히 절차적인 전문성을 띠기에 보통의 경우처럼 소비자 비판을 가할 수가 없다. 설령 소비자가 이의를 제기하더라도 독립적인 감독기관이 없으니 이 전문직협회에나 호소할 수 있을 뿐이다. 그러므로 법률 전문직은 우리가 다른 소비자 서비스를 평가할 때 사용하는 견제 수단을 전혀 활용할 수가 없다. 필요와 그에 따른 성과를 평가할 수 없다면, 그리고 서비스 이용이 사실상 시스템이 강요한 것이라면, 독점은 상당히 진척된 것이며 이미 뿌리를 내린 것이다.

허울뿐인 고용

우리에게 과연 변호사는 필요한가? 사안이 형사 사건이라면 정답은 무조건 "그렇다"이다. 하지만 그 밖의 사안—즉 모든 비형사 사건—과 관련해서는 변호사의 역할을 의심해볼 여지가 있다. 법률 자문이 필요한 상황은 분명 많이 있지만, 변호사는 그렇지 않은 대부분의 상황에서도 '필요'의 견지에서 무차별적으로 고용되곤 한다. 이때의 필요란 실제로는 조금도 필요가 아니며, 어떤 다른 목적을 위한 핑계이거나 변호사를 선임하지 않았을 경우에 일어날 수 있는 결과의 두려움 때문이거나 둘 중 하나일 뿐이다.

20세기 후반은 전문가들이 숭배를 받은 시대, 그리고 전문가의 조언이 값비싼 상품이 된 시대였다. 전문가 집단에게 이 시대는 일종의 클론다이크 강[1]이었다. 전문가의 조언이라면 죄다 전문적인 것으로 통했으니까. 하지만 법률 상담이 항상 전문적인 것은 아니다. 사회학자 디트리히 뤼셰마이어는 이렇게 말했다. "변호사가 가진 능력의 상당 부분은 그의 법률 지식과 간접적인 관련만을 가지거나 아니면 전혀 관련이 없다."[2]

그러므로 "법적 조언을 구한다"는 말에는 반드시 변호사와 상담이 필요해서가 아닌 다른 무수한 상황이 포함될 수 있다. 법적 조언이라고 해봐야 이성을 갖춘 사람이라면 누구나 알 만한 상식이나 경험일 경우가 빈번한데도, 우리는 명민한 제삼자로 하여금 우리의 개인사에 관여해서 안심을 시켜달라고 변호사에게 돈을 지불한다. 마치 상사병이 난 십대가 고민상담 프로에 편지를 보내듯 변호사와 상의하는 것이다. 의혹과 번민의 시간을 같이해줄 동반자를 찾기 위해서, 또는 감정에 휘둘리지 않는 경청자를 얻기 위해서 말이다. 어쩌면 무자격자 이웃이나, 사회복지사와 정신과 의사처럼 전혀 다른 분야에서 일하는 누군가가 더

1 Klondike. 19세기 말 사금이 발견되어 골드러시를 일으킨 캐나다 북서부의 강. —이하 각주는 대부분 편집자 주이며 원주는 따로 표시함.

2 Dietrich Rueschemeyer, "Doctors and Lawyers: A Comment on the Theory Of the Professions", *Canadian Review of Sociology and Anthropology*, 1964, pp. 17-30. —원주.

나올지도 모른다. 하지만 언제나 변호사다. 상담의 전 과정을 근사하게 꾸며놓은 데다가 '법률 조언'이라는 그럴 듯한 이름으로 불리기 때문이다. 변호사 사무실을 방문하는 일은 다른 전문가를 방문하는 것과 달리 사회적으로 아무런 심적 불안도 주지 않는다.

이런 초자연적 믿음은 주의 깊게 계산된 신중함과 결합하여 변호사 영업의 또 다른 부분을 구성한다. 변호사들은 상황을 치유하고 곤경을 막아주며 문제를 사라지게 해주는 사람들이다. 이렇게 정립된 신뢰감은 이 사회의 의식 안에 깊숙이 스며든 나머지 더 이상 비주류적 특징도 갖지 않는 광신적 숭배의 갖가지 증상을 낳는다. 이런 피그말리온 효과[3]의 주된 후원자는 입법부와 법원이다. 이들은 앞으로 논할 여러 가지 방법으로 변호사를 쓰라고 권장한다. 이런 숭배 심리는 통속적 관점에서 보면 변호사 선임을 하지 않았을 때 일어날 결과에 대한 두려움에서 나온 것이기도 하지만, 공식적 관점에서 보면 모든 사람은 도움을 받을 필요가 있다는 온정적 믿음에 기초한 것이기도 하다. 그러나 형사 사건을 예외로 하면, 이것은 잘못된 일반 명제이며 낭비적

---

3 Pygmalion effect. 타인의 긍정적 기대와 응원이 계속되면 그 기대에 부응하는 쪽으로 변화가 이루어진다는 심리학 용어. 그리스신화에 나오는 조각가인 피그말리온 왕이 아름다운 여인을 조각해놓고 간절히 원한 결과 조각이 사람으로 환생했다는 이야기에서 나왔다.

인 관행일 뿐이다.

대다수의 법률 상담에서 변호사가 하는 일이란 사실을 유도해내고, 그런 다음에 의뢰인의 입장을 법적인 권리 및 의무의 견지에서 고쳐 말함으로써 소송상 유리한 점과 불리한 점을 부각시켜 주는 것뿐이다. 변호사는 마치 점쟁이처럼 주어진 상황에 대한 법정의 반응을 예측해준다. 그의 경험과 판단이 유용할 때도 종종 있지만, 단순한 전망만으로는 쓸모없을 때가 훨씬 많다. 오히려 사람들을 훈련시켜서 직접 판단하도록 한다면 그에 못지않게 잘할 수 있을 것이다.

사실 소송사건은 십중팔구 법리적 논점보다는 사건이 가진 사실적 측면과 가치 요소들에 근거하여 판결이 내려지는 경우가 대부분이다. 판사들은 해당 사건에서 무엇이 공정한지 결론을 내릴 때 눈앞에 있는 증거로부터 결론을 이끌어내지, 법 조항이나 판례로부터 추론하지 않는다. 영국 철학자 존 위스덤(John Wisdom)이 말했듯이, 법정에서의 추론은 "의자의 다리와 같은 것이지 사슬의 고리가 아니다." 법정 추론은 진술하려는 요지를 뒷받침하기 위한 것이지 그것을 논리적으로 구술하기 위한 것이 결코 아니다. 실제상의 법은 재판관에게 구속복을 입히듯이 그렇게 형식에 얽매이지 않는다. 판결의 과정은 일정한 재량 하에서 이루어진다. 따라서 법정에서 벌어지는 거의 모든 다툼의 경우, 모종의 가치 판단이 판결 과정에서 내려지기 마련이다. 아무리 판사가 사실 관계들만을 짜 맞추는 방식으로 판결을 내린다고 해도 말이다. 미국 연방대법관 홈스(Oliver Wendell Homes, Jr.)는 이렇게 말한 바 있다. "가치는 사법적 추론에서 불분명하지만 주된 전제이다."

요컨대 판결을 결정하는 것은 거의 언제나 사실과 가치 요소들이라는 얘기다. 영국 상원 항소위원회[4]의 저명한 위원이었던 고 레이드 경(Lord Reid, James Scott)은 법을 따지느라 시간을 낭비하지 말고 가치 요소들에 근거하여 가급적 신속히 소송사건을 판결하라고 법정 밖에서 조언하곤 했다. 사실과 가치 요소들이야말로 소송 당사자가 가장 잘 알고 있는 부분인데, 모든 법률 상담 비용의 대부분은 변호사에게 이것을 설명하고 차후 단계에서 반복을 할 수 있도록 해주는 데 드는 시간 때문에 발생한다. 하지만 그런 재설명 과정에서 사실들은 설득의 동력을 잃곤 하므로, 소송 당사자는 해당 사건을 직접 설명하여 가치 요소들을 확실하게 제시하는 편이 더 나을 수도 있다. 만약에 좀 더 비공식적인 위원회 형태의 법정 구조를 만들려는 움직임이 일어난다면, 소송 당사자들에게는 틀림없이 이런 선택지가 주어질 것이다.

---

4 한국의 대법원에 해당. 영국에서는 상원 내 항소위원회(Appellate Committee of the House of Lords)가 최고법원의 역할을 하는데, 의회 내에 설치되어 있기는 하나 실제로는 법관의원(Law Lord)이라 불리는 대법관들이 심리를 담당한다.

변호사를 선임하지 않았을 때의 결과

소송인들 중에 소권(訴權)을 남용하는 사람은 거의 없다. 대부분의 사람들은 일생에 한 번 송사를 겪을까 말까 한데, 그조차도 대개는 어떤 개인적 위기의 여파나 사업 과정에서 생긴 심한 분쟁의 결과로 송사를 치르기 때문이다. 따라서 그런 상황이 닥쳤을 때 대부분의 소송인들은 몹시 취약할 수밖에 없다. 그들은 단지 승소하기 위해 법정에 나가는 것이지 기존 법질서를 비판하기 위해 나가는 것이 아니다. 즉 그들은 무비판적으로 시스템 내의 일익을 담당한다.

대중들은 변호사가 대리하지 않으면 소송을 공정하게 치를 수 없다는 믿음을 가지고 있다. 고용된 전사들의 싸움을 통해서만 정의를 실현할 수 있다는 관념은 사실 중세에나 있었던 전통이다. 우리는 변호사가 없으면 스스로 아무런 정보도 얻을 수 없고, 고소인으로서 아무런 실질적 지위도 가질 수 없다고 여긴다. 그리고 무엇보다 다른 사람들이 그렇게 여긴다. 교묘히 빠져나가려는 사업 상대나 상종 못할 이웃에 맞서 변호사가 합법적인 독재자 역할을 해주겠다고 나설 수 있는 것은 바로 이 때문이다. 공갈범들에게 맞설 때 그렇듯이, 소송을 의뢰한 로펌이 크면 클수록 당신을 만만하게 대하기가 어려워진다.

사법 시스템 역시 소송인들에게 자력으로 해볼 수 있다는 확신을 주지 못하는 점에서는 마찬가지다. 그들은 변호사에게 의존하라고 요구한다. 공판 전의 복잡한 준비절차, 법정이라는 공적 무대, 의례화된 법정 답변 방식, 이런 모든 것들이 가장 단순한 주장을 다투는 일조차 전문가적 기도(企圖)로 만드는 데 일조한다. 우리는 이런 부분들에 대처할 수 있도록 교육받은 적이 없다. 학교 강의계획서 안에는 소송에서 무엇을 해야 하는지, 또 무엇을 예상할 수 있는지에 대한 어떤 암시조차 담겨 있지 않다. 사람들은 혼자만으로는 자기 권리를 확신하지 못하며, 어떻게 권리 주장을 이어갈지에 대해서는 더욱 확신하지 못한다.

대부분의 사법 시스템은 변호사 없이 소송에 임하는 당사자들을 포용하도록 설계되어 있지 않다. 이들은 원활한 법정 절차를 이기적으로 지연시키고 혼란을 초래하는 괴짜들로 분류되곤 한다. 상대측을 대리하는 변호사는 다른 변호사들을 대할 때처럼 이들과 편하게 또는 솔직하게 의사소통하지 못한다. 판사들 역시 변호사 없이 나온 소송인과 효과적으로 의사소통하지 못한다. 왜냐하면 아마도 그들은 주의를 기울여야 할 의무감을 더 느끼는데다가, 소송인에게 사적으로 너무 이입되면 객관적 대화를 하지 못할 것이라고 느끼기 때문이다. 그러므로 스스로를 대리하는 소송인은 재판 전 협상에서 최적의 위치에 설 수도 없고, 재판에서 최대한 자신에게 유리하도록 운신할 여지도 없는 심각한 위험에 처하게 된다. 이렇듯 우리의 사법 시스템은 기이하게도 완벽한 공정성을 위해 오히려 대변(大辯)을 필수조건으로 삼고 있는 셈이다.

변호사에 대한 숭배는 어떻게 강화되는가

우리가 변호사들에게 의지하고 그들을 맹목적으로 고용하는 데는 몇 가지 이유가 있다. 변호사들에 대한 숭배를 심화시키는 요소로는 5가지를 꼽을 수 있겠다.

첫째는 영국 대법관을 지낸 데블린 경(Lord Devlin, Patrick Arthur)이 지적한 것이다. 즉 모든 사법제도들은 '셀프서비스 카페테리아'를 만드는 대신 '웨이터 서비스'를 고집한 데 잘못이 있다는 것이다. 한 나라의 사법 시스템은 그 나라의 얼굴이자 국제적 신뢰성의 지표다. 하지만 비용이 어마어마한데다 그런 서비스 비용을 부담하는 의뢰인과 납세자가 얻는 이익은 의심스럽기만 하다. 그것은 일종의 독점으로, 과연 그것이 우리에게 필요한지조차 알아서는 안 되는 독점이다. 확실히 불필요한 법률 상담은 큰 위험을 안고 있는데, 불필요한 소송을 빈번히 일으킨다는 점이 그것이다.

둘째는 복잡한 법 조항들이다. 한 주가 멀다하고 법규들이 만들어지는 까닭은 우리의 상거래나 사회관계를 규제하기 위해서이지 환경보호 의무를 고지하기 위해서가 아니다. 그러나 이 조항들은 너무 복잡해서 우리의 법을 무슨 수수께끼 암호처럼 바꿔가고 있다. 오늘날 작성되고 있는 상당수의 법 초안은 암호해독가가 필요할 정도로 난해한데도, 모두가 당연히 참조할 거라는 전제 하에서 그냥 통과되곤 한다. 의존은 어떤 숭배에서든 간에 강력한 연료 역할을 해준다. 법률 전문직의 경우 이런 의존은 세간에 퍼져 있는 생각, 즉 비전문가는 흐릿한 유리창을 통해서만 법을 이해할 뿐이라는 생각—우리의 입법기관도 이런 생각을 조장한다—에 기반을 두고 있다. 전문가들만이 법을 해석하고 적용해야 한다는 것이다.

셋째는 의례와 형식이다. 법은 존중해야 마땅하므로 법적 다툼 역시 의례적이고 형식적인 분위기에서 이루어져야 한다는 주장이 그것이다. 법정은 의례와 형식에 따라 운영되는 경기장이다. 안심을 시켜주고 비공식성을 확실히 보장해주는 위원회 회의실이 아니라는 얘기다. 공정성과 법에 대한 존중 때문에 그런 의례가 요구되는 것 아닌가 하겠지만, 이런 과시적 요소는 사법 절차에 종교적 신비성을 입히는 역할을 할 뿐이다. 사법 절차란 거래상의 행위나 사회적 행위를 조정하고 갈등을 해결하기 위해 우리가 적용하는 규칙일 뿐이라는 점은 제시되지 않는다.

넷째는 변호사를 선임하지 않은 소송 당사자에게 제공되는 편의가 전혀 없다는 점이다. 모든 사람은 법을 안다는 가정에도 불구하고 아무도 그것을 이해하고 적용할 수 있도록 교육받거나 권장되지 않는다. 우리의 문제를 해결할 수 있는 사람은 변호사들뿐이며, 마치 대사제와 같이 법 기구의 작동에 익숙한 사람도 오직 변호사들밖에 없다.

끝으로, 이처럼 의존을 유발하는 여러 요인들을 만들어온 독점은 비교적 최근에 도입된 국가 법률 구조(救助)와 함께 완성된다. 국가의 도움으로 법률 상담이 더 손쉬워지고 변호사를 맹목적으로 고용할 확률이 더 높아짐에 따라 숭배가 한층 더 강화되는 것이다.

변호사 숭배의 중요한 부분 가운데 하나는 소송 당사자의 역할을 격하하는 것이다. 소송인들은 대체로 아량을 베풀어야 할 대상일 뿐이며, 그들의 역할 역시 방관자 아니면 증인으로 국한된다. 사법 절차란 마치 삐걱대며 돌아가는 거대한 기계와 같아서 일단 시동이 걸리면 그 작동법을 전수받은 사람들 외에는 접근이나 운전이 불가능한 것처럼 취급된다.

대부분의 소송인들은 무엇이 자신에게 최선인지 알지 못한다는 이유로 사건에 대한 전적인 통제권을 변호사들에게 넘겨줄 것을 요구받는다. 자신의 삶을 근본적으로 바꿀 수도 있는 드라마에서 관찰자의 위치로 좌천되는 것을 순순히 받아들여야 하는 것이다. 변호사들은 소송 당사자의 지시에 따라 행동할 뿐이라고 주장하겠지만, 그것은 눈 가리고 아웅 하는 격이며 사실도 아니다.

변호사는 서비스 전문직이다. 영국에서는 변호사의 서비스에 용역세(service tax)를 부과한다. 그러므로 소송인은 다른 분야의 고객들처럼 최소한이나마 소비자 권리를 가져야 한다. 상품을 물색하러 다닐 수 있어야 하고, 어떤 종류의 서비스를 받아야 할지 알아야 하며, 통상적 기준에 따라 그 서비스를 평가하고 의심도 할 수 있어야 한다. 그럼에도 변호사에 대한 의존이 여러 요인으로 인해 너무 커진 나머지 소송인들은 소비자 권리뿐 아니라 남아 있는 감독 권한까지 흔히 포기하곤 한다.

모든 길은 사법으로 통한다

무력 대결의 경우를 제외하면 우리 사회의 거의 모든 난제는 법정에서 판가름이 난다. 정치적 대립과 도덕적 논쟁도 일단 대서특필의 열기가 식고 나면 마지막으로 법률 전문가들에 의해 해결이 된다. 시카고 세븐[5], 앵그리 브리게이드[6], 바더-마인호프[7], 브라운 대 교육위원회 사건[8], 영국에서 있었던 스쿨키즈 오즈 기

---

5 Chicago Seven. 1968년 베트남전에 반대하는 학생운동 지도자들이 미국 민주당 전당대회장에 뛰어들어 경찰과 큰 충돌을 빚은 사건. 원래 8명이었으나 한 명이 줄어 '시카고 세븐'으로 불린다.

6 The Angry Brigade. 1970년 영국에서 젊은 아나키스트 몇몇이 미국대사관, 은행, 미스월드 행사장 등에서 폭탄을 터뜨린 사건. '성난 젊은이 여단'으로 번역해 부르기도 한다.

7 Baader-Meinhof. 1968년 서독에서 백화점 폭탄테러를 일으킨 '바더'와 이를 옹호하던 좌파 언론인 '마인호프'가 결성한 테러집단. '적군파'로도 불린다.

소건[9], 미국의 랠프 긴즈버그 재판[10] 등 헌법과 관련된 형사 사건의 사례는 넘친다. 우리 사회의 맥박, 그리고 사회가 나아가려는 방향의 맥박과 그것의 분출이 일어나면 언제나 그것들은 법의 심문에 붙여진다. 맥박이 급상승하려 할 때마다 법은 그것을 저지하거나 독려한다.

법률가 독점이라는 귀결을 가장 강력하게 관철시켜 온 것도 이런 심문 능력이다. 변호사 또는 법조인들만이 유일하게 사법시스템에 어울리는 후보라는 사실, 이것이 바로 사법적 귀결이다. 이 작은 엘리트집단의 구성원들은 죄를 묻고 형을 선고할 뿐 아니라, 판결이라는 정교한 처리과정을 통해 우리 사회의 기준을 만들고 공공 윤리의 경계를 정한다. 18세기에 맨스필드 경(Lord Mansfield, William Murray)이 처음 말하고 1961년 영국 상원 항소위원회가 찬성의 뜻으로 인용한 구절에 따르면, 판사는 대중에 대한 '풍기 감시관'(custos morum)이다.

하지만 그의 권력은 여기서 훨씬 더 나아간다. 거의 모든 관할 영역에서 사법부는 민주적으로 선출된 대표자의 행위가 적법한

---

8 Brown vs. Board of Education case. 1954년 미국 캔자스 주에서 있었던 흑인 아동의 공립학교 입학 거부를 둘러싸고, 공립학교의 흑백분리 정책이 헌법에 위배된다는 판결을 얻어낸 사건.

9 Schoolkids Oz case. 1971년 영국 잡지 『오즈』가 외설적인 내용을 실어 편집자 등이 기소된 사건. 유죄 판결을 받았으나 항소심에서 무죄가 되었다.

10 Ralph Ginzburg trial. 1963년 미국의 잡지 발행인이자 사진작가인 랠프 긴즈버그가 외설물 출판으로 기소된 사건. 대법원에서 유죄 확정 판결을 받았다.

가에 관하여 법령도 폐기시킬 정도의 의견 표명을 한다. 헌법을 해석하고, 행정부의 정책을 검토할 권한을 요구하며, 심지어 정부에 대해 통치의 적법성을 선언하거나 부정할 수 있는 것도 사법부다.

이들의 권한과 영향력의 범위를 제대로 평가하기 위해서는 먼저 인식해야 할 점이 있다. 이들은 단지 임명되는 것만으로 아무 의심도 받지 않고 부지불식간에 권력을 쥔다는 점이다. 최소한의 면밀한 공적 검증도 없이 임용만으로 무소불위의 권능을 갖게 되는 어떤 직업을 우리는 과연 받아들일 수 있을까? 이 사람들은 누구이며 이들의 자격은 무엇인가? 그들에게 혹시 편견은 없을까? 만일 편견이 있다면 그것은 우리의 이익과 일치하는가?

사법부의 정체성과 정치적 견해는 중요하다. 왜냐하면 시대정신(Zeitgeist)에 대한 사법부의 이해는 곧바로 판례에 반영되며, 입법부의 활동과 더불어 우리 사회의 발전을 위한 청사진을 제공하기 때문이다. 우리의 기준과 공공 행정의 기준들을 정하는 것은 공정성과 타당성에 대한 사법부의 감각이다.

모든 것의 사법적 귀결은 사법상의 재량권을 전제한다. 1930년대 미국 연방대법원 판사를 지낸 벤저민 카르도소(Benjamin Cardozo)는 이것을 다음과 같이 실감나게 표현했다.

> 우리는 법의 규칙들을 나무에서 만개된 형태로 따지 않는다. 자신의 경험으로부터 조언을 구하는 법관이라면 누구나 의지의 자유로운 행사가 확고한 목표를 가지고 공동선의 증진을 향해 나아갔던 사례들에 대하여 알아야 하며, 또한 이런 의지의 행사가 그 순간 창의적 법령으로부터 도출된 법규의 형태와 취지를 결정했다는 사실들에 대하여 알고 있어야 한다.[11]

이보다 조금 앞선 1908년 12월 8일 시어도어 루스벨트 대통령은 의회에 보내는 교서에서 이것을 좀 더 직설적으로 표현한 바 있다.

> 우리나라의 최고위 입법자들은 아마도 판사들일 것이며 실제로도 종종 그러합니다. 왜냐하면 그들이야말로 최후의 권좌에 앉아 있기 때문입니다. 판사들은 계약, 재산, 귀속권, 정당한 법 절차, 자유에 대해 해석할 때마다 불가피하게 자신이 생각하는 사회철학 체계의 일부를 법으로 제정합니다. 이런 해석이 근본적일 경우 그들은 모든 입법의 방향까지도 지시하는 셈입니다. 경제 문제나 사회 문제에 대한 법원의 판결은 판사들의 경제철학과 사회철학에 의존합니다. 그러므로 20세기 우리 국민의 평화로운 전진은, 원시적인 경제 조건의 산물로서 쓸모없게 된 지 오래인 철학이 아니라 20세기 경제철학 및 사회철학의 보루인

11 *The Nature of the Judicial Process*, Yale University Press, 1921, pp. 103-104. —원주.

판사들에게 가장 많이 빚지고 있는 것입니다. (미국 연방의회 의사록, 1부 21쪽.)

1908년 당시 이와 같은 법 이해는 노도와 같은 비판을 불러일으켰다. 어쩌면 그때나 지금이나 많은 사람들은 모든 것이 사법으로 귀결되는 현실에 대하여, 그리고 일개 전문직에서 정점에 올랐을 뿐인 사람들에게 전적인 신뢰와 권한을 실어주고 있다는 것에 대하여, 별로 깊은 생각을 안 하는지도 모른다. 사람들은 사법을 객관적으로 적용되는 법규의 집합인 것처럼 생각하고 싶어 한다. 그러나 실상은 그렇지 않다는 것을 이해할 때, 법률 서비스직은 어느 면으로 보나 숨은 정부를 배태하고 있는 산란장임이 분명히 드러날 것이다.

공정성은 어떻게 보장될 수 있는가

선진적 사법 시스템이라면 마땅히 변호사가 맡는 역할에 대한 매우 명확한 규정이 있어야 한다. 인적 자원의 영향력으로부터 점점 벗어나려는 것이 대세인 지금에도 왜 전문직, 특히 법률 전문직에 대한 우리의 의존은 여전히 줄어들지 않는지 질문할 필요가 있다.

공정성이란 힘겨운 이상인지도 모른다. 더군다나 대다수 사람들은 '컴퓨터적인 공정성'을 혐오하고 비난한다. 사건마다 자체의 변수가 있기 때문에 세심한 평가만이 제대로 된 균형을 맞출 수 있다는 것이다. 그러므로 공정성의 추구와 어떻게 그것이 가장 잘 이루어질 수 있는가를 비판적으로 검토하는 일은 아무래도 매우 민감한 부분들을 자극할 수밖에 없다.

이러한 검토에 선행해서 해야 할 일은 변호사의 역할을 재검토하는 것이다. 그들의 역할에 대략적이나마 한계를 그어둠으로써, 그것을 넘어서는 것은 월권이며 변호사의 소관이 아님을 인식하도록 해야 한다. 허울뿐인 고용도 말 그대로 허울임을 밝혀야 하며, 변호사 고용에 대한 대규모의 재교육이 이루어져야 한다. 이런 재교육은 근거 없는 믿음을 퇴치하고 두려움을 가라앉히는 질문이 주가 되어야 한다.

전문가에 대한 의존을 끊으려면 스스로 하려는 용기가 필요하다. 법률 분야에서 그런 용기는 거의 모든 국면에서 변호사에 대한 의존적 숭배를 강화하고 있는 현행 사법 시스템을 재조정함으로써만 가능하다. 아마도 출발점은 법에서 위풍당당한 이미지를 걷어내고 완벽한 방어막을 치고 있는 사법 절차들을 가능한 한 덜어내는 데 있을 것이다. 인간사의 해결책은 인간적 분위기에서 안출되어야지 절차상의 함정들이 도사리고 있는 웅변가들의 무대에서 나올 일이 아니다.

갈수록 복잡하고 난해하게 법률 초안을 작성하는 입법부의 경향 역시 저지되어야 한다. 모호한 입법이나 과잉 입법에서 얻을 수 있는 이득이란 전혀 없다. 우리의 사법 시스템을 복잡하고 모호하게 만들면 만들수록 자기들만이 그것을 이해한다고 내세우는 전문가들만이 더 견고하게 자리를 굳힐 뿐이다. 그들에 대한 의존은 다른 어떤 중독 못지않게 상습적이 될 것이며, 이런 현상을 무비판적으로 방치하면 그런 의존을 보조하느라 국가가 쓰는 비용은 조만간 걷잡을 수 없을 정도가 될 것이다. 그렇다고 해서 정말로 지원이 필요한 사람들에게까지 도움을 주지 말자는 얘기는 물론 아니다.

회의실 재판(boardroom justice)—비공식적으로 운영되는 위원회 형태의 재판—으로의 변화가 이루어져야 한다. 변호사를 선임하지 않은 소송인도 격려를 해주고 관대하게 수용해야 한다. 오로지 경험만 가지고 소송에 착수하지 않도록 하려면 학교에서도 법적 권리와 어떻게 그 권리를 산정할지에 대해 개략적으로나마 가르쳐야 한다. 다양한 법률 분야를 다루는 쉬운 참고서 요약집을 편찬해야 하고, 증보된 내용을 이용할 수 있도록 지속적인 개정도 필요하다. 또한 이런 요약집의 대출 서비스를 모든 법정에서 받을 수 있어야 한다.

이렇게 되면 소송 당사자들은 사실과 가치 요소에 초점을 맞추어 자신의 사건을 제시할 수 있을 것이며, 필요할 경우에는 법원으로 하여금 특정한 법률적 논점을 부각시키거나 결정하도록 맡길 수 있을 것이다. 만일 소송인이 권리를 구제받지 못했다고 생각해서 상소를 선택한다면, 이제 비로소 법적 자문을 구할 수 있을 것이다. 하지만 변호사와의 상담이 언제나 필요하다는 생각—그리고 모든 후속 절차에서 변호사를 대리인으로 두어야 한다는 생각—은 떨쳐버려야 한다. 회의실 시스템에서는 변호사를 선임하지 않은 결과로 불공정성이나 손해가 초래되는 일은 없을 것이다. 사건의 범주에 따라서는 변호사 비선임이 오히려 표준이 될 수도 있을 것이다.

하지만 그렇게 되면 위원회 '의장' 또는 사법부의 자질과 불편부당성에 대한 의존이 더욱 커질 우려가 있는 것도 사실이다. 그러므로 사법부의 과제는 그런 시스템에 맞는 위원들을 갖추는 일이 될 것이다. 모든 것의 사법적 귀결을 저지할 수 있는 바람직한 방법이란 달리 없다. 재판관을 선임하기 전에 면밀한 공개평가를 할 수 있는 만족스런 방법을 고안해내고, 비전문가를 판사 옆에 자문역으로 배석시킴으로써 다른 분야의 전문성을 활용하도록 권장하는 것 외에는 말이다. 입법부 또한 경각심을 늦추지 말고 용인될 수 없는 판례가 나오면 입법으로 바로잡을 준비를 갖춰야 한다.

이런 일들은 상당 정도 신뢰의 문제이고 신뢰의 문제일 수밖에 없다. 그러나 우리가 법률 전문가들에게 더 이상 고분고분하지 않는다면 이런 신뢰는 오히려 더욱 깊어질 것이다. 비전문가는 법을 충분히 알지 못하며 공공의 이익이 실로 무엇인지 모른다고 말하는 법률가들의 말을 받아들이지 않는다면 말이다.

5장

베이비시터가 된 장인들

할리 셰이큰

할리 셰이큰 Harley Shaiken

1946년 출생. 시카고 대학에 다니던 중 "내가 하는 공부가 나의 출신 배경이나 내 주변의 세상과 아무런 관련성도 없다는 것을 깨닫고" 학업을 중단하였다. 디트로이트의 제너럴모터스에 비숙련 노동자로 들어가 8,000시간에 걸친 기계수리 수습과정을 밟았다. 이후 선반공으로 2년, 대형차 제작 부서에서 5년, 소형기계 부서에서 5년을 일했다. 노동자의 작업조건과 사회구조의 관계에 대해 관심을 갖고 자주 발언을 하고 있다.

1950년대 초 내가 디트로이트에서 성장기를 보내던 시절, 가장 생생하게 기억하는 일 중 하나는 아침 다섯 시에 잠에서 깨어 할아버지가 포드자동차의 거대한 루지 공장으로 일하러 가는 모습을 보던 것이었다. 할아버지가 집을 떠나 열 내지 열한 시간의 고된 시간을 보내는 목적을 혹시라도 잊을까봐, TV에는 닉슨 부통령과 다른 유명 인사들이 나와 미국인들의 생활수준이 세계에서 가장 높다는 것을 우리에게 일깨워주곤 했다. 실제로 우리는 열심히 일하기만 하면 생활수준이 더욱 향상될 거라 믿었다. '필요한 재화'가 더 많이 공급될 테니 말이다.

하지만 TV가 우리에게 말해주지 않는 것도 있었으니, 소비의 증대가 일정 한계를 넘으면 삶의 질의 **저하**를 의미할 수도 있다는 사실이었다. 늘어난 자동차는 노동자를 점점 더 먼 곳까지 의미도 없는 일을 하러 가도록 실어 나르고 있고, TV는 고작 황무지를 흑백 아닌 컬러로 재현하고 있으며, 교외주택은 붐비는 도시로부터 탈출하기 위해 더욱 붐비는 고속도로를 타고 다니도록 만들고 있는지도 모른다. 이 과정에서 우리는 걸을 능력, 서로 소통할 능력, 그리고 분양받은 택지 대신 스스로 공동체를 이루고 살 능력을 잃고 말았다.

요컨대 인간의 활동들은 파편화되었고, 서로 무관해졌으며, 가장 중요하게는 삶 자체로부터 분리되기에 이르렀다. 즉 상품이 되어버린 것이다. 산업사회에서 산업노동자보다 이런 파편화로 인해 더 고통 받는 사람은 없다. 노동자들은 이중의 대가를 치르고 있다. 자신의 삶을 일에 희생하면서도 저급한 여가만을 누리고 있는 것이다.

나는 이 글에서 가장 고도화된 산업 노동—즉 숙련 노동, 그리고 이와 함께 생산노동을 더 '충실화'하려는 정교한 시도들—을 살펴봄으로써 우리의 노동이 어떻게 질적으로 저하되어 왔고, 그럼으로써 어떻게 삶의 질이 저하되어 왔는지 검토하고자 한다. 가장 고도화된 노동의 형태를 살펴볼 때 우리는 자본주의가 어떻게 노동 과정을 주조하고 그 안에서 노동자의 역할을 정의하는지 분명하게 알 수 있을 것이다. 자본주의에서 노동의 의미는 인간의 활동 내지 성취라는 의미로부터 이윤의 최대 획득이 목표인 임금 관계로 바뀐다. 하지만 자본주의만이 인간의 필요를 생산에 종속시키고 있는 것은 아니다. 이념적 지향이 무엇이든 간에 그것은 모든 산업사회들의 공통된 특징이다.

고도화된 산업 노동을 관찰해보면 우리는 외관상 서로 모순된 과정들이 동시에 일어나고 있는 것을 볼 수 있다. 숙련 노동은 파편화되고 점점 질이 저하되고 있는 반면, 생산 노동은 더 규모가 '확대'되고 더 '충실화'되고 있다. 하지만 실제로는 두 과정 모두 노동자들을 통제하여 그들을 지배하는 사회관계 안에 효과적으로 편입시키려는 시도라는 점에서는 마찬가지다. 두 가지 다 자신이 인간임을 잊지 않은 노동자들의 독립심이나 반항정신에 대처하기 위한 것이다. 이렇게 하여 노동의 목적은 노동자와 사회를 위한 사용가치의 창출이 아니라 상품 생산에 머무른다.

노동의 질 저하는 산업사회 자체에 뿌리를 두고 있다. 따라서 노동을 창조적이고 의미 있는 삶의 일부로 만들기 위해서는 생산 대상, 방법, 시기, 목적을 사람들이 직접 결정함으로써 생산 과정을 민주적으로 통제하는 사회를 만들어내는 것이 필수적이다. 그리고 이런 일이 가능하기 위해서는 그 전제로서 사람들이 생산 과정을 실제로 **통제할 수 있어야** 한다.

파편화되고 있는 숙련 노동

숙련 노동은 어떻게 노동자가 노동 과정에 의해 제약을 받고 지배받는가에 대한 몇 가지 예사롭지 않은 통찰을 우리에게 안겨준다. 물론 노동에는 다른 측면들도 있으므로, 산업시스템이 노동을 조직하는 방법에 대해 명백히 유죄 판결을 내릴 근거는 많다. 진폐증으로 고통 받는 광부들, 화학물질을 취급하다 신경 손상으로 마비 증세를 얻은 화학 노동자들, 또는 조립 라인의 지루함 등을 들 수 있을 것이다. 하지만 우리가 조립라인의 짓누르는 단조로움에 대해서 말할 때는 조립라인 자체가 범인인 듯 보이지만, 숙련 노동에 대해 언급할 때는 그 기술이 가진 성질이 아니라 노동자와 관리자 간의 사회적 관계가 논의 선상에 오른다. 노동자가 가진 기술을 남김없이 발휘하는 일은 관리자 측의 필요와 직접적인 충돌을 일으키기 때문이다.

숙련 노동이 노동자에게 만족감을 주는 것은 다양하고 도전적이고 창의적인 노동이기 때문이다. 숙련 노동은 미숙련 노동자들에 대한 직무 충실화 프로그램의 테두리를 훨씬 넘어서는 곳에서 시작된다. 나의 직업인 기계 가공을 예로 들어보자. 기계공이라면 누구나 비교적 쉽고 간단한 기본 작업들을 배우게 마련인데, 이 작업들은 뭐라 정의할 수 없는 요소 즉 그만의 기술과 결합하여 기계공의 경험이나 상상력의 성과물들을 창조해낸다. 숙련된 기계공이 된다는 것은 육체노동과 정신노동 사이의 구분이 사라지는 것을 말한다. 숙련 노동자의 진정한 만족감 가운데 하나는 마치 화가가 된 듯이 마음으로 상상한 것을 그의 두 손으로 만들어내는 것이다.

하지만 오늘날에는 갈수록 더 많은 작업 과정들이 작업자의 상상력을 제한하는 쪽으로 조직되고 있다. 타인이 제시한 계획을 아슬아슬하게 수행할 수 있을 만큼만 시야를 열어주는 것이다. 만일 미켈란젤로가 이런 식으로 그림을 그려야 했다면, 그는 누군가 말끔하게 구획해 놓은 디자인에 색깔만 입히는 식으로 시스티나 성당의 천장화를 그렸을 것이다. 아니, 어쩌면 미켈란젤로는 파란색만 칠하고 다른 일꾼들은 각자의 색깔만 칠하는 편이 더 능률적이었을지도 모른다.

나는 연구 개발을 전문으로 하는 소규모 혁신 공장에서 일한 경험이 있기에 숙련 노동을 조각조각 단편화하는 것이 얼마나 무원칙한 짓인지 잘 알고 있다. 그 공장에서는 유능한 기계공이 종종 엔지니어의 일을 하고, 엔지니어는 기계공으로서 실험을 하곤 했다. 여하간에 산업혁명의 위대한 선구자들은 대학 아닌 금속가공 직종에서 나왔던 것이다. 정밀 선반을 만든 모즐리(Henry Maudslay), 자동 나사깎기 선반을 만든 휘트워스(Joseph Whitworth), 철도의 아버지 스티븐슨(George Stephenson), 나아가 증기기관 발명자인 제임스 와트(James Watt) 같은 사람들 모두가 대학이 아닌 직공 출신이었다.

숙련 노동이 이처럼 도전적이고 창의적인 것은 개별 장인의 판단과 실력에 크게 의존하기 때문이다. 기술이 자부심을 주는 만큼 그는 독립성도 일정 정도 누린다. 하지만 이런 독립성이야말로 산업이 타파하려고 하는 바로 그것이다. 노동력의 주요 단위가 높은 수준의 독립성을 갖고 있다면, 어떻게 노동 비용을 억제하고 이윤을 극대화할 수 있겠는가? 이런 독립성을 제한하기 위해서 관리자 측은 사회적으로 중립적인 '효율성'의 이름 아래 숙련 노동의 질을 떨어뜨리는 중요한 조치들을 취해왔다.

첫째는 실제의 기계 작업으로부터 기획과 엔지니어링을 떼어내는 것이다. 작업 과정을 기계공, 기술자, 엔지니어로 엄격하게 구분하는 것은 기술적으로 필요해서라기보다 중앙 통제를 하기 위해 불가피하기 때문이다. 따라서 최종 통제권은 엔지니어에게 있지 않고 여전히 관리자에게 있다. 관리자의 역할이란 고급 콜걸인 엔지니어와 밤거리 여자인 기계공을 간절히 관리하고 싶어하는 포주의 역할을 미화한 것에 다르지 않다. 과학적 관리의 아버지 프레드릭 테일러(Frederick W. Taylor)는 오늘날의 산업 현실을 숨김없이 묘사하면서 "모든 가능한 형태의 두뇌 노동을 작업장에서 제거하여 기획 또는 설계 부서에 집중시킬 것"을 강력히 촉구했다. '매니지'(manage)라는 영어 단어는 '말을 길들이다'라는 뜻의 이탈리아어 '마네기아레'(maneggiare)로부터 왔다.

둘째는 작업을 기계 단위로 구분하는 것이다. 관리자의 지시를 어떻게 수행할지 결정하는 것 역시 여전히 일정 정도의 자율성을 갖는 일이므로, 기계 가공 작업은 가장 기초적인 요소들 즉 선반·절삭기·연마기 등의 작업들로 분리된다. 머릿속의 구상을 완제품으로 바꾸는 일을 했던 '만능' 기계공은 이제 기계 한 대를 맡은 기사가 되는 것이다. 이에 따라 우리는 더 이상 사람이라는 말, 아니 노동자라는 말조차 입에 올리지 않게 되었다. 그 대신 우리에게 필요한 것은 '손'이다. 회사들이 '선반 일손'이나 '절삭 일손'을 찾는 광고를 내는 것만 봐도 알 수 있다. 회사에 정확히 필요한 것은 기계를 운전할 한 쌍의 손이기 때문이다. 노동자의 나머지 부분은 양손과 함께 따라오므로 어쩔 수 없이 꾸러미 전체를 받아들이지만, 핵심적인 것은 역시 손이다.

마지막으로 노동의 질을 떨어뜨리는 방법은, 수치제어 내지 컴퓨터제어 같은 새 작업 과정—미리 프로그램된 장치나 컴퓨터 프로그램으로 기계가 할 일을 정확히 수행하도록 만드는 것—을 도입함으로써 노동자에게 남아 있는 재량권을 남김없이 관리자의 수중에 넘기는 것이다. 숙련 노동자는 그러잖아도 생산 과정 속의 톱니바퀴가 된 터에 이제는 기계를 돌보는 베이비시터로 또다시 강등된다. 보통의 베이비시터들과 마찬가지로 기계공은 자신이 맡은 대상에 밥을 주고 그것을 지켜보며 그 뒤처리를 해주는 것만이 허락된다.

금속가공 분야의 주요 경영주간지인 『철의 시대』(*Iron Age*)는 기계공을 베이비시터로 강등시키는 이유에 대해 다음과 같이 완벽하게 기술한 바 있다.

> 수치제어는 기계를 제어하는 수단 이상의 의미를 갖는다. 그것

은 하나의 체계이며 제조업의 한 방법이다. 그것은 과학적 관리의 아버지인 프레드릭 테일러가 금속절삭 기술에 대한 연구를 시작한 1880년경 추구했던 것의 많은 부분을 실제로 구현하고 있다. 그는 이렇게 썼다. "우리의 원래 목표는 기계 공장에 대한 통제를 수많은 작업자들 수중에서 거두어 관리자의 수중에 완전히 맡기는 것, 그리하여 주먹구구식 관리를 과학적 통제로 대신하는 것이었다."

우리는 어떻게 일과 관계 맺고 있는가

내가 숙련 노동의 질을 저하시키는 이러한 효과들을 처음 절감한 것은 디트로이트의 친구가 하는 말을 듣고서였다. "자네, 그 사람들이 우리 일을 어떻게 생각하는지 알고 있나? 왜 그런지 모르지만 그치들은 우리 일(the trade)을 한낱 일자리(a job)로 만들려고 애쓰고 있다니까!" 오늘날 아무 숙련 노동자든 붙잡고 무슨 일을 하느냐고 물으면, 그는 "기계공이요" 하는 대신 "제너럴 모터스에 다녀요"라고 말할지 모른다. 이것은 그가 업무에 있어 맺고 있는 일차적 관계가 자신의 기술보다는 회사와의 관계라고 느끼기 때문이다.

노동자는 그 자신 하나의 사회로서 엄청난 모순을 겪는다. 한 사람을 그 사람이게끔 하는 독특하고 다채로운 지성과, 산업이

시키는 일만을 하도록 요구받는 '손' 사이의 모순 말이다. 기계공이 교대 근무 시간 안에 회사에 필요한 최소한의 것을 생산하도록 만들려면 끊임없는 관리감독을 해야 한다는 생각도 물론 할 수 있겠다. 이런 생각은 더 많은 생산을 위해서는 더욱 엄격한 감독이 필요하다는 인상을 심어준다. 하지만 이 노동자는 귀가하여 새벽 두 시까지 차고에서 자기 오토바이의 부품을 만드는 사람이다. 그 속도는 일터의 기계공 절반을 해고시킬 정도이며, 품질은 검수 부서를 거의 필요 없게 만들 정도이다.

이 경우 노동자가 하는 일의 종류는 같지만 일과 맺고 있는 **관계**는 판이하다. 공장에서 노동자는 계획을 실행하면서도 그것을 수립하는 과정에서 아무런 역할도 맡지 않는다. 계획 수립 역시 작업 과정의 일부이지만 노동자와는 최대한 관계가 있다 해도 양손에 대해서만 있을 뿐이다. 왜냐하면 노동자는 작업 과정에서 나온 생산품과 관계가 별로 없거나 전혀 없기 때문이다. 생산품은 그에게 단지 간접적인 이득만을 줄 뿐이다. 따라서 자신이 가진 기술을 업무에 활용하지 못하는 데서 오는 좌절감은 종종 그 업무를 집에서 하게 만드는 동기가 된다. 그의 멋진 차고 안에서는 계획과 실행이 하나로 융합되며, 전 작업 과정이 온전히 그의 통제 하에 들어온다. 노동은 삶의 일부가 된다.

물론 숙련 노동의 질 저하는 산업이나 업종에 따라 제각기 다른 속도, 다른 방식으로 나타난다. 그리고 그런 일이 일어날 때마다 현장의 숙련 노동자들은 그것을 수동적으로 받아들이지 않는 경우가 다반사다. 수없이 벌어지는 업무상 갈등에서든 노조 활동에서든 숙련 노동자들은 불만을 표출하는 데 있어 가장 목소리가 크며 가장 조직화가 잘 되어 있다. 생산직 노동자들과 비교할 때 시간당 가장 높은 임금을 받는 최고의 일자리임에도 말이다.

얼핏 볼 때 해결책은 숙련 노동을 더 의미 있는 것으로 만드는 데 있는 듯하다. 노동을 갈수록 파편화시키는 경향을 되돌리고, 작업을 어떤 방법으로 할지에 대해 노동자에게 발언권을 더 많이 주는 식으로 말이다. 그러나 이렇게 되면 관리는 노동자들의 독립성에 휘둘리는 상황에 처할지 모른다. 그러면 관리 비용이 높아져서 회사는 우호적인 노동 환경을 제공하기보다는 이윤 극대화에 다시 나설 것이다.

더 중요한 점은 그와 같은 개혁이 일어난다고 해서 사람들의 에너지를 최대한 끌어내는 출발점이 되겠느냐는 것이다. 숙련 노동에 얼마간이나마 독립성이 회복된다면 직무 충실화야 이루어지겠지만, 노동자가 작업 과정에 대해 맺고 있는 관계는 달라질 게 없으며 작업 과정 자체의 성격 역시 바뀌지 않을 것이다. 그보다 노동자는 **어떻게** 할 것인가에 대한 결정을 넘어서 **무엇을** 해야 할 것인가를 결정할 수 있어야 한다. 이런 변화가 없다면 관리자는 조련사요 노동자는 말이라는 기본 틀은 고스란히 남을 것이다. 물론 말을 때리는 조련사가 있고 당근을 주는 조련사도 있을 것이다. 심지어 말과 함께 먹는 조련사도 있다. 하지만 나는 말이 조련사를 타는 것까지는 본 적이 없다. 우리가 해야 할 일은 조련사와 말의 관계를 인간들 사이에서 제거하는 것이다.

'직무 충실화'라는 미신

이윤 극대화의 역학에 따라 숙련 노동을 파편화한 것과 똑같은 이유로 이제 일부 관리자들은 생산 노동의 폭을 넓히는 연구에 착수하고 있다. 이런 연구에 착수하게 된 동기는 꽤 분명하다. 매일 반복되는 따분하고 무의미한 노동 말고 삶에서 다른 가능성을 알아차린 생산직 노동자들이 태업, 계획적 결근, 비합법적 파업, 고의적 불량 등으로 불만을 표출하는 일이 많아졌기 때문이다. 목요일에는 자기 일을 만족스러워하는 듯 보였던 노동자가 금요일이나 월요일이 되면 작업대에 나오지 않는 경우는 얼마든지 있다.

그러므로 기껏해야 직무 충실화(job enrichment) 프로그램은 참여를 확대하면 생산성 증가라는 결과를 거둘 것이라는 발상에만 몰두한다. 미국노동연구소(Work in America Institute) 설립자인 로소(J. M. Roscow)는 직무 충실화 프로그램의 지지자들에 관해 언급하면서 이렇게 말한 바 있다. "포드사와 마찬가지로 그들의 우선적인 관심사는 생산성이다. 그러나 (…) 직무 만족과 (…) 근로 생활의 질적 개선이 (…) 종업원들을 더욱 충성스럽고 만족스럽게 만들 뿐 아니라 실제로도 생산성을 증대시킬 것이라는 생각은 그들의 믿음일 뿐이다."

이런 계획들을 보면 전부는 아닐지라도 많은 부분에서 엘리트주의의 냄새가 강하게 난다. 이 계획들은 그 자체로 흥미로운 직무가 아니라 '노동자들에게만' 흥미로운 직무를 만들려고 하기 때문이다. 나는 직무 충실화 전문가가 자신의 노력으로 거둔 결과가 대단히 마음에 들어서 직무 충실화가 끝난 이후에도 그것을 계속하기로, 그래서 실제로 거울, 개사료 등등을 직접 생산했다는 얘기를 들어본 적이 없다.

노동자들은 아예 생산 과정으로부터 탈출함으로써 자신의 인간성을 계속 지키고 싶어 한다. 이와 달리 직무 충실화는 그 자체로는 흥미롭지 못한 일에 그들을 통합시키려고 애쓴다. 직무 충실화 프로그램은 노동자가 같은 볼트를 열두 번 조이기보다는 열두 개의 다른 볼트를 조일 때 그 작업을 더 만족스러워한다고 가정한다. 여기서 얻을 수 있는 결과란 종종 하나가 아닌 열두 개의 지루한 업무일 뿐이다.

나는 자동차 조립라인 밑의 피트(작업용 구덩이)에서 일하는 디트로이트의 친구에게 자동차들을 옆으로 회전시켜 피트 작업을 없앤 볼보 공장에 대해 어떻게 생각하느냐고 물었다. 그는 그

방안에 반대했다. 왜냐하면 그는 작업을 56초에서 30초로 단축시킨 방법을 이미 고안해둔 터라, 작업 사이사이에 다른 사람들 눈에 띄지 않고 바닥에 앉을 수 있었기 때문이다. 만약 그가 지상 구간에 있었더라면 그가 절약한 30초는 빠르게 '충실화'되었을 것이다. 노동자들이 지상 작업대에서 일하기를 반대하는 이런 사회에 대하여 뭐라고 말해야 할까?

노동자에게 피트에서 나오도록 권하기 위해 직무 충실화 프로그램은 근무 조건의 개선뿐 아니라 '노동의 새로운 지평'을 약속하기도 한다. 노동의 성격은 근본적으로 바뀐 것이 없는데도 이 프로그램의 예언자들은 우리가 노동에 대해 쓰는 언어들을 어떻게든 왜곡하려고 한다. 고된 작업을 좀 더 견딜 만한 것처럼 보이게 하는 말들로는 충분치 않은지 '노동의 신세계', '작업 현장의 민주화', '존엄과 자유' 같은 말들을 제안하곤 한다.

'기술, 노동, 특성에 관한 하버드 프로젝트'의 책임자이자 하먼 산업과 전미 자동차노조(UAW)가 공동 추진하는 실험적 프로그램의 책임자이기도 한 마이클 매코비(Michael Maccoby)는 이러한 새로운 언어 용례를 잘 보여준다. 그는 프로그램의 핵심이 되는 네 가지 원칙으로 안전, 공평, 민주주의 및 개성화를 들고 있다. 나는 이 개념들 가운데 두 가지, 즉 민주주의와 개성화에 대해 검토하고자 한다.

매코비는 민주주의를 "노동자의 삶에 영향을 주는 결정들에 관해 개개의 노동자에게 발언할 기회를 더 많이 주는 것"이라 정의한다. 이것은 노동자와 언어에 대한 모욕이다. 민주주의란 특정 종류의 발언권(*a* say)을 갖는 것이 아니라 발언권 자체(*the* say)를 갖는 것이다. 매코비와 대조적으로 사전에서는 민주주의를 "인민이 직접 또는 선출된 대표를 통해 지배력을 행사하는 통치 체제"라고 정의하고 있다. 어떤 권위주의 체제라 해도 노동자는 특정 사안에 대한 발언권을 가질 수 있지만, 그것을 민주주의라고 부르는 일은 거의 없다. 남북전쟁 이전의 남부에서조차 노예들은 일정한 권리를 가지고 있었고, 그들이 하는 일에 대한 제한적 통제가 가능했다. 결국 문제는 민주주의의 허울과 권위주의적 통제가 경쟁할 경우 어느 쪽이 이길 것인가로 한정되고 만다. '직무 충실화'로 인해 작업 현장이 보강되고 민주적 요소들이 늘어날지는 모르지만, 그 목적은 근본적으로 권위주의적 조직을 더 관리하기 쉽게 만들려는 것이지 조직을 기초부터 민주적으로 만들려는 것이 아니다. 즉 우리에게는 고작 일터 민주주의에 대한 새 정의—노동자들에게 근본적인 결정권은 없고 단지 특정한 발언권만 있다는 정의—외에는 아무것도 남는 게 없는 셈이다.

다음으로, 개성화란 추정컨대 "각 개인이 가진 창의적 능력을 충분히 계발하도록 자극함"을 말하는 듯하다. 그러나 이 말은 지나치게 포괄적이어서 우리가 '개인'의 일차적 의미를 노동자로 볼 수 있는 한 무의미한 소리에 지나지 않는다. 이런 일을 작업 현장 내에서 실현하겠다는 얘기는 곧 사람들에게 제한된 능력만을 허용하겠다는 뜻이기 때문이다. 나는 이런 말을 거부한다. 노동이 삶과 분리된 일부이자 구획된 일부이기를 멈출 때 비로소 사람들은 자신의 '창의적 능력'을 온전히 실감하기 시작할 것이다. 하면 산업이 생산하는 캐딜락용 백미러를 만드는 동안은 결코 그러지 못할 것이다.

물론 직무 충실화 프로그램이 제시하는 몇몇 구체적 개선책들로 직무가 충실화될 수 있다는 점은 의심할 여지가 없다. 그러나 그것으로는 결코 노동의 성격을 바꿀 수 없으며, 문제는 바로 이 점에 있다고 나는 믿는다. 산업사회에서 노동은 감옥이다. 죄수라면 누구나 강제노동수용소에 버금가는 레벤워스(Leavenworth) 중범죄자 교도소보다 관대한 자본주의 체제를 닮은 듯한 앨런우드(Allenwood) 교도소—워터게이트 범죄자들을 보낸 곳—를 선호할 것이다. 하지만 둘 다 감옥인 건 마찬가지다.

노동자가 진정으로 원하는 것

노동의 성격을 바꾸려면 그저 작업 현장을 관찰하는 것만으로는 불가능하며, 더 큰 사회의 본질에 초점을 맞추어야 한다. 미국전신전화회사(AT&T)의 인사부장 로버트 포드 박사는 작업 현장에 초점을 맞추는 것의 한계를 매우 우스꽝스러운 방식으로 우리에게 보여준 바 있다.

1972년 노동자 소외 문제를 다룬 미 상원 청문회에 출석한 포드 박사는 종업원들에 의한 직무 통제가 가져다주는 이점을 극찬했다. 이른바 '고객서비스 상담원들'에게 상사와 전혀 상의 없이 고객의 신용등급을 정하고, 보증금 액수를 결정하고, 요금 미납시 서비스를 끊을 수 있는 권리를 주었다는 것이다. 그러나 어떤 이름 모를 자동차노동자의 전화가 끊긴 이유가, 다른 어딘가에서 전화국 노동자가 직무 충실화로 인해 늘어난 책임을 즐겁게 수행한 데 있다고 한다면, 그는 과연 마음이 편할까? 유감스럽게도 포드 박사는 자동차노동자의 얘기를 들으러 찾아가는 일 따위는 하지 않을 것이다.

전화회사 정도의 차원을 넘어 환경을 파괴하는 노천 채굴을 사람의 손으로 한다거나, 네이팜탄을 더 창의적으로 만든다거나, 연간 1,100만 대의 어마어마한 자동차 대수를 조립라인이 아니라 팀을 이루어 만든다 한들 이런 일들에 무슨 의미가 있겠는가? 우리가 **무엇을** 생산하고 그 생산품을 **어디에** 사용하는지 따져볼 수 없는 한, **어떻게** 생산할지를 묻는 것으로는 충분치가 않다. 산업생산의 윤리를 캐물어야 한다는 요구는 과연 지나친 것일까?

자본주의 하에서 노동을 견디는 데 대한 보상은 '여가'라고 불린다. 조립라인이나 용광로나 기계공장에서 일해보지 않은 사람은 그런 일을 하는 사람들을 보며, 깨어 있는 시간의 절반 이상은 따분하고 무의미한 일을 하며 보내겠지만 여가와 은퇴 생활은 만족스러울 것이라고 생각한다.

캘리포니아 주립대학의 전 총장 클라크 커(Clark Kerr)는 이런 어리석은 정서를 거의 시적으로 표현한 바 있다.

> 이 위대하고도 새로운 자유는 개인의 여가 시간을 통해 찾아올 것이다. 높은 생활수준, 더 많은 자유 시간, 더 많은 교육으로 인해 이런 일은 가능한 정도를 넘어 거의 불가피하게 찾아올 것이다. 여가는 독립적 기상(氣像)을 기르는 행복한 사냥터가 될 것이다. (…) 경제체제는 고도로 조직화되고 정치체제는 이념적으로 시들 수 있겠지만, 삶의 사회적이고 오락적이고 문화적인 측면들은 실로 다양해져야 하며 완전히 달라져야 한다.

하지만 여가는 "독립적 기상을 기르는 행복한 사냥터"이기는커녕 노동의 질을 저하시켰던 바로 그 힘들로 인해 저급화되고 있다. 강제적인 여가나 은퇴는 대사면(大赦免)이라기보다는 이미 복역한 형기에 의해 질이 정해져 있는 가석방에 불과하다. 어떤 의미에서 우리는 업무상 발생한 문제나 긴장을 공장 정문에 두고 나오기가 그리 쉽지 않다. 이 때문에 여가는 만족감을 주는 경험이기보다는 업무를 잊어버리기 위한 광란의 관리된 활동이 된다.

좀 더 근본적으로 말하면, 우리는 자본주의 아래서 파편화되어버린 삶의 본성과 생산한 것을 팔려는 체제의 강력한 동력 때문에 스스로 만족을 찾으려 하기보다는 상품 안에서 그것을 구하려고 한다. 여가는 애써 추구해야 할 무엇이기보다 하나의 산업이 되어 우리에게 휴식을 위한 더 '효과적인' 대안을 제시한다.

가령 숲속을 단순히 산책하는 일은 분명 즐거운 일이지만 우리의 '생활수준'을 끌어올리는 데는 아무런 기여도 하지 못한다. 그 대신 어마어마하게 큰 캠핑카를 끌고 택지개발단지와 거의 다를 바 없는 캠핑장으로 들어간다면 전체 산업이 창출된다. 캠핑카 제조업뿐 아니라 이동식 냉장고, 휴대용 난로, 화장실, 포터블 TV 산업이 만들어지는 것이다. 걷기 부족을 염려할 필요도 없다. 다른 업종들—미용체조, 다이어트식품 등—이 생겨나 우리를 단련시켜 줄 테니까. 심지어 우리 개들도 더 이상 산책하거나 운동할 필요가 없다. 개들의 '필요'를 채워주는 다이어트 사료가 있으니까.

이렇게 하여 걸음을 하나씩 뗄 때마다 우리에게는 더 많은 전문가가 필요해진다. 캠핑카 수리 전문가, 피트니스 전문가, 개사료 추천 전문가, 심지어 정신이완 전문가까지 말이다. 산업사회가 우리에게 제공하는 것은 궁극의 전문가주의(ultimate professionalism)이다. 즉 우리의 '필요'를 교묘하게 부추길 수 있는 무기가 무엇인지 결정을 내리고 그런 무기들을 구비한 전문가 군대 말이다. 우리의 필요가 결정되고 나면 그것들을 충족시키는 방법으로는 오직 한 가지 가능성만이 제시된다. 시스템 안에 그대로 남아 생산을 지속하는 것이 그것이다. 문화는 여기서 감옥—곧 노동—의 외벽 역할을 한다. 노동을 무의미하게 만드는 이 시스템은 삶을 무의미하게 만든다. 양자는 모두 이 사회를 몰아가는 동력을 반영하고 있을 뿐이다.

사회 동력들 가운데 가장 주된 동력인 '이윤을 위한 생산'은 인간화된 사회를 만드는 일과 결코 양립할 수 없다. 우리는 이윤을 목적으로 한 생산이야말로 품위 있고 만족스러운 삶을 누리기 위한 최선의 방법이라는 말을 듣곤 한다. 하지만 아무리 관대하게 봐준다 해도 높은 소비 수준은 성취감을 주는 삶과 전혀 궤를 달리하는 것이 되어버렸다. 이런 소비가 가능하려면 우리들 중 압도적 다수가 변함없이 말의 신세로 남아 있어야 한다. 직시해야 할 것은 말이 가질 수 있는 삶의 만족감과 삶의 비전에는 언제나 한계가 있다는 것이다. 직무 충실화에 관한 논의들은 본질적으로 어떻게 하면 조련사가 말에 마구를 가장 잘 채울 수 있는가에 대한 갑론을박일 뿐이다.

이러한 예속으로부터 인간의 생산 활동과 여가를 해방시키기 위해서는 사회에 내재되어 있는 사회적 관계를 근본적으로 바꾸어야 한다. 나는 일터뿐 아니라 사회까지 포함하는 완전하고 민주적인 노동자 통제를 제안한다. 노동과 여가의 성격을 가장 근본적으로 탈바꿈시킬 수 있는 수단은 노동자에 의한 통제밖에 없다.

이것은 사회 안에서 혁명적 변화를, 즉 산업시스템과 국가 및 그 모든 부속기관들에 맞설 것을 요구한다. 하지만 혁명이 곧 해결책은 아니다. 그것은 해결책을 가능하게 만드는 조건일 뿐이다. 노동자에 의한 통제는 우리 삶의 소외된 일부가 되어버린 노동을 제거하고, 그럼으로써 사회를 인간화하는 첫 걸음이다. 이 과정에서 우리는 산업 생산의 이용을 다시 검토해볼 수 있을 것이다.

나는 한 사람의 숙련 노동자로서 단순히 현재의 산업 시스템과 그것이 배설해놓은 문화를 통제할 수 있기를 원하는 것이 아니다. 내가 노동자 통제를 원하는 까닭은 새롭고 더 나은 사회를 위해서다. 산업을 민주적으로 운영할 수 있는 것만으로도 우리들 노동자는 승리를 거둔 것이겠지만, 그것이 곧바로 인간 존재로서의 승리를 가져다주는 것은 아니다. 현재 사회를 완전히 전도(顚倒)시킨 바탕 위에서 새로운 생활양식을 배양하기 시작할 때 비로소 그것은 인간을 위한 승리가 될 것이다. 상품생산 관계 위에 구축된 가공할 구조물은 그대로 타인에게 인계할 수 있는 것이 아니다. 왜냐하면 그것은 현재의 주인과 관리자들을 염두에 두고 야만적으로 지은 것이기 때문이다. 우리는 새로운 주춧돌을 놓고, 인간적이고 자비로운 새 기초 위에서 그것을 다시 지어야 한다.

저들이 우리에게서 빼앗아간 인간됨의 기능은 아마도 이것을 통해서 되찾을 수 있을 것이다. 그리 된다면 우리가 품은 비범한 꿈들도 일상의 현실이 될 수 있을 것이다. 오늘날 우리 중에는 자본주의 사회의 틀 안에서 이런 생활양식을 실현하고자 하는 사람들도 있다. 하지만 설령 그것이 가능하다 해도 감옥 벽을 실제로 타넘을 수 있는 사람은 소수일 것이며, 성공한다 해도 탈주자로 소문난 나머지 감옥에 남은 사람들의 생산물에 의지하여 살기 십상일 것이다. 소수가 이런 일을 했을 경우 그들은 용서받을지도 모른다. 그러나 너무 많은 사람들이 탈출을 시도한다면, 앞서 탈출한 사람들까지 모두 원상태로 되돌려질 것이다. 유일한 현실적 대안은 우리를 가두고 있는 벽을 해체하고 우리를 감금하고 있는 제도들을 철폐하는 것이다. 미국 노동운동 지도자 유진 데브스(Eugene Debs)가 반세기 전에 한 말을 바꾸어 표현해 보자. "한 사람의 영혼이라도 감옥 안에 남아 있다면 우리 중에 자유로운 자는 없다."

혼자 감옥 벽을 넘거나 자본주의와 타협하여 우리의 노동 감옥을 운영하는 방법과 달리, 노동자에 의한 통제는 사람들이 자신의 실제 필요를 결정하고 충족할 수 있게 해주는 체제로 가는 첫 걸음이 될 것이다. 숙련 노동자의 영혼은 완전히 체념하는 법도 없고 '손'이나 '말'의 처지에 만족하는 법도 없기에, 산업사회—자본주의 사회든 다른 종류의 사회든—를 전혀 다른 사회로 대체하는 데 기여할 것이다. 노동을 삶에서 분리하지 않는 사회, 그리하여 노동과 삶 모두를 불모화하지 않는 사회로 나아가는 데 보탬이 될 것이다. 우리 모두에게 이것은 삶의 축하연이 될 것이다.

〈이반 일리치 전집〉을 펴내며

'이반 일리치'라는 이름을 말하면 사람들은 70~80년대를 풍미했던 이론, 또는 한물간 사상가의 기억을 떠올립니다. 어떤 이들은 학교로부터의 탈출이나 현대의료에 대한 거부를 외쳤던 반문명주의자의 초상을 떠올리기도 합니다. 이처럼 유행의 힘은 사상의 영역에도 예외가 아니어서 변할 수 없는 진리마저 낡고 빛바랜 것으로 만들곤 합니다. 그러나 어떤 진실은 시간의 변덕스런 힘에도 살아남아 뒤늦게 빛을 발합니다. 적지 않은 사람들이 꾸준히 일리치를 찾아 읽고 현실의 어둠을 헤쳐나갈 눈을 얻으려는 것은 그만큼 그의 사상이 진실의 힘을 가지고 있기 때문일 것입니다.

일리치가 한때의 유행에서 다시금 고전으로 부활하고 있는 것은 역설적으로 현대가 겪고 있는 위기가 더욱 커지고 깊어졌다는 뜻이기도 합니다. 끝없는 성장만이 인간을 행복하게 만들어줄 수 있다는 이념은 자유시장과 무한경쟁을 앞세운 신자유주의로 심화되고 있고, 그것이 오늘의 위기를 재촉하고 있다는 것은 모두가 느끼고 있는 사실입니다. 우리는 이 위기를 사회적, 생태적, 실존적 위기의 세 가지로 짚어볼 수 있습니다. 성장의 이데올로기는 능력에 따른 불평등을 정당화하고 결국 양보와 합의에 기초한 공동체의 토대마저 흔들고 있습니다. 그것은 또한 우리 모두에게 주어진 자연을 소수를 위한 착취의 대상으로 삼아버렸습니다. 이러한 사회적, 생태적 위기 속에서 우리는 물질적 욕구의 충족만을 행복으로 여기는 영혼 없는 존재로 타락해 가고 있습니다.

일리치는 이 모든 위기의 뿌리가 인간을 '호모 에코노미쿠스'로 본 근대 경제학에 있다고 합니다. 인간은 날 때부터 '필요'를 가진 존재이고 자연의 '희소성'을 두고 서로 싸워야 하는 존재라고 보는 관점 말입니다. 그러나 일리치는 우리의 필요란 조작된 것이요, 우리 삶의 조건은 희소한 것이 아니라 자급자족적 삶을 꾸려가기에 충분한 것이라고 말합니다. 우리의 가난이란 현대화된 가난으로서 상품을 소비할 수 없어서 생겨난 것이고, 그런 점에서 상품은 인간 삶의 모든 측면에 대해 근본적인 독점을 행사하고 있다는 것입니다. 따라서 상품의 끝없는 생산 및 소비에 의존하는 경제 성장은 필연적으로 역생산성에 빠질 수밖에 없다고 합니다. **가난의 현대화, 근본적 독점, 역생산성**은 이반 일리치가 우리에게 남겨 놓은 귀중한 통찰입니다.

사월의책이 새삼 〈이반 일리치 전집〉을 펴내는 까닭은 현대 사회에 대한 수많은 비판의 담론 위에 또 하나의 비판을 얹고자 함이 아닙니다. "이성으로는 비관하되 의지로 낙관하라"는 안토니오 그람시의 말대로 일리치는 현대를 비관한 만큼이나 인간 사회에 대한 낙관을 잃지 않았습니다. 그는 미래에 대한 비관적 전망이 현재에 드리워놓은 그림자로부터 그 현재를 재발견하는 것이야말로 우리가 해야 할 일이라고 보았습니다. 일리치를 읽는 것은 나 자신과 이 사회를 재발견하고 우리 자신에 대한 희망을 다시 세우는 일이 될 것입니다.

> "나는 세상에 불을 던지러 왔노니, 이미 그 불이 타올랐으면 내가 무엇을 원하리요." (누가복음 12:49)

사월의책 편집부